Savia

promenade

livre de l'élève

français A1-A2

sm

2 ESO

hachette
FRANÇAIS LANGUE ÉTRANGÈRE

Promenade 2 TABLEAU DES CONTENUS

DOSSIER	Tu vas apprendre à…	Pour…
DOSSIER 0 Faisons connaissance !	• Poser des questions	• Faire connaissance
DOSSIER 1 Tous au collège !	• Parler de ta nationalité, de tes origines • Décrire ton caractère et celui de tes copains • Parler de ta vie au collège et de ton emploi du temps • Poser des questions	• Présenter votre collège • Réaliser une photo de classe
DOSSIER 2 Amis de la nature !	• Faire des projets • Exprimer un souhait et faire une demande polie • Parler de tes animaux préférés • Poser des questions avec *quel(le)(s)*	• Créer un club nature • Créer une fiche sur un animal
DOSSIER 3 Chez moi !	• Localiser dans l'espace • Exprimer un désir • Faire visiter ta maison • Décrire ta chambre	• Écrire un poème • Imaginer votre chambre idéale
DOSSIER 4 Combien ça coûte ?	• Compter de 70 à 100 • Faire des achats • Parler de l'argent de poche, des dépenses • Parler de tes passions	• Commencer une collection • Organiser un vide-greniers dans la classe
DOSSIER 5 Bon appétit !	• Exprimer une quantité • Parler de ton alimentation • Faire des recommandations • Faire une liste de courses	• Créer une recette originale • Composer un repas
DOSSIER 6 Fan de télé	• Compter jusqu'à l'infini • Raconter des événements passés • Localiser dans le temps • Donner des informations biographiques	• Écrire un article sur une star • Imaginer une épreuve pour un jeu
DOSSIER 7 Sciences et avenir	• Donner des précisions sur un lieu • Comparer deux éléments • Parler du temps qu'il fait • Parler de l'avenir	• Présenter la météo • Imaginer les habitants d'une autre planète

Grammaire	Lexique	Phonétique	Culture	smSaviadigital.com
• Révisions générales	• Révisions générales		• Cinq bonnes raisons d'apprendre le français	
• Les adjectifs de nationalité, d'origine • L'interrogation avec *où, quand, comment, pourquoi* (révision) • Les verbes *prendre, comprendre* et *apprendre* • Les adjectifs de caractère • Les adverbes de fréquence	• Le collège • Les matières scolaires (révision) • Le caractère	• L'accentuation de la dernière syllabe des mots	• Grand jeu du collège français	• JOUE avec les matières • ENQUÊTE Ma visite guidée • FAIS LE POINT
• Le futur proche • *Je voudrais* + infinitif • *Quel(le)(s)*	• La nature • Les animaux	• Les sons [s] et [z]	• Les animaux de compagnie	• JOUE avec les destinations • ENQUÊTE Au zoo • FAIS LE POINT
• Les prépositions de lieu • *C'est.../Il (Elle) est... Ce sont... / Ils (Elles) sont...* • Le verbe *vouloir*	• Les pièces de la maison • Les objets et les meubles • La chambre • Les couleurs (révision)	• Les sons [f], [v], [b] et [p]	• La vie de château	• JOUE avec les pièces de la maison • ENQUÊTE Idées déco • FAIS LE POINT
• Les pronoms COD • Les adjectifs démonstratifs • Les questions avec *combien*	• Les nombres de 70 à 100 • Les achats et l'argent • Les magasins • Les cadeaux et les objets	• Les sons [ʃ] et [ʒ]	• Où acheter en France ?	• CHANTE avec le karaoké • ENQUÊTE Ça n'a pas de prix ! • FAIS LE POINT
• Les articles partitifs *du, de la, de l', des* • *Pas de, pas d'* • Les adverbes de quantité • Le verbe *devoir* • *Il faut* + infinitif (sensibilisation)	• Les aliments • Les quantités • Les repas • Les rayons du supermarché • Les sensations : *avoir faim, soif, chaud, froid* (sensibilisation)	• Les sons [k] et [g]	• À la table des Français	• JOUE avec les aliments • ENQUÊTE À table ! • FAIS LE POINT
• Le passé composé avec *avoir* et *être* • Les adverbes *déjà* et *jamais* • Les marqueurs chronologiques	• Les stars • La télévision • Les nombres jusqu'à l'infini	• Les sons [ə] et [e]	• La télévision française	• JOUE avec le passé composé • ENQUÊTE Faites vos jeux ! • FAIS LE POINT
• Le pronom relatif *où* • Le futur simple • Les comparatifs *plus (de)* et *moins (de)*	• La météo et les saisons • Quelques mots du futur • Le système solaire et l'espace	• Le *e* caduc	• Science et fiction	• JOUE avec les planètes • ENQUÊTE À demain • FAIS LE POINT

DOSSIER 0 Faisons connaissance !

1 **Observe les photos et lis les bulles. À ton avis, qui aime…**

a. les sciences ? **b.** la télévision ? **c.** la cuisine ? **d.** le collège ?

2 **Écoute et associe les questions aux réponses des quatre adolescents. Deux questions n'ont pas de réponse : lesquelles ?**

1 2

Question a → photo 3.

3 **Par deux. Écoutez à nouveau et choisissez chacun deux questions à poser à votre camarade. Puis imaginez ensemble deux autres questions à poser à un autre groupe.**

1 2

Où est-ce que tu habites ?

J'habite près du collège.

Cinq bonnes raisons d'apprendre le français

DOSSIER 0

Pourquoi apprendre le français ?

1 Pour visiter la tour Eiffel, le château de Versailles ou le musée du Louvre.

2 Pour comprendre et chanter les chansons de Stromae.

3 Pour se faire des amis français sur Internet.

4 Pour lire *Tintin*, *Le Petit Prince* ou regarder des films comme *Persepolis* ou *Intouchables*.

5 Pour connaître une langue parlée sur cinq continents.

VIDÉO
POURQUOI APPRENDRE LE FRANÇAIS ?

1 Lis et écoute le document ci-contre. Puis associe les images A à E aux différentes raisons d'apprendre le français.

Image A ⟶ raison n° 5.

2 Choisis deux raisons pour lesquelles tu apprends le français. Compare avec ton/ta camarade, puis avec la classe.

3 Avec la classe, inventez d'autres raisons d'apprendre le français et fabriquez une affiche. Accrochez-la dans la classe.

A
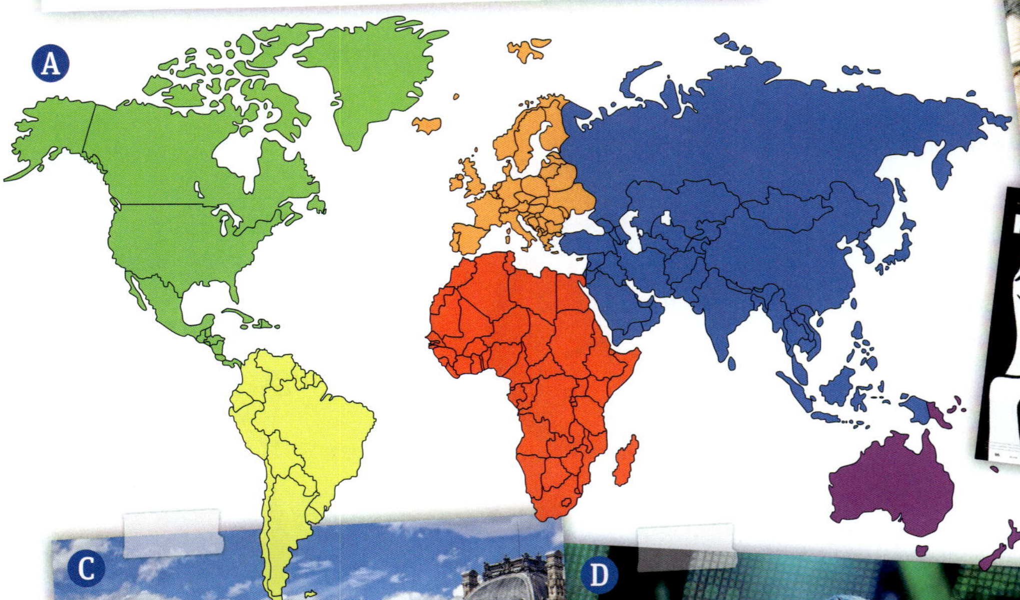

B
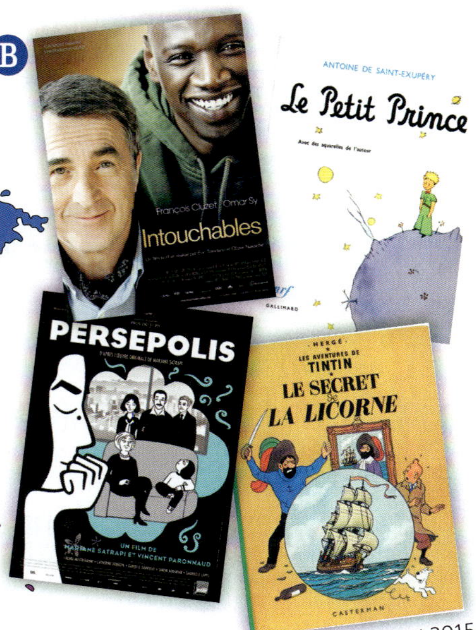

© Hergé/Moulinsart 2015

C

D

E

DOSSIER 0

Révise ton français !

1 Amuse-toi à réviser ton français ! Choisis la bonne réponse et compare avec un(e) camarade.

2 Lisez ensuite les solutions en bas de la page.

1 Pour te présenter, tu dis :

a. Salut, ça va ?
b. Comment tu t'appelles ?
c. Je m'appelle Rémi et j'ai 13 ans.

2 Pour interviewer un(e) camarade, tu dis :

a. Le sport, c'est très important !
b. J'aime beaucoup le sport !
c. Est-ce que tu aimes le sport ?

3 Pour parler de tes ressemblances avec un(e) camarade, tu dis :

a. On est brun(e)s.
b. Moi, je suis brun(e) et, toi, tu es blond(e).
c. On est très différent(e)s.

4 Pour décrire les vêtements que tu portes, tu dis :

a. Je suis bien dans mes baskets !
b. J'ai un tee-shirt vert et des baskets blanches.
c. Ma sœur porte un pantalon bleu.

5 Pour parler de ton sport préféré, tu dis :

a. Je joue au football.
b. Le sport, c'est bon pour le corps.
c. J'aime les jeux Olympiques.

6 Pour dire où tu habites, tu dis :

a. Chez moi, c'est à côté de la bibliothèque.
b. Viens chez moi !
c. Je suis à la maison.

7 Pour dire l'heure, tu dis :

a. Quelle heure il est ?
b. C'est l'heure !
c. Il est quatre heures moins vingt.

8 Pour parler de ta famille, tu dis :

a. Ma mère n'est pas à la maison aujourd'hui.
b. J'ai deux sœurs et un frère.
c. Je vais demander à mon père.

Solutions : 1c – 2c – 3a – 4b – 5a – 6a – 7c – 8b

DOSSIER 1

Tous au collège !

Qu'est-ce que tu aimes au collège ?

Tu connais des collégiens d'autres pays ?

TU VAS APPRENDRE À...

- parler de ta nationalité, de tes origines
- décrire ton caractère et celui de tes copains
- parler de ta vie au collège et de ton emploi du temps
- poser des questions

EN ÉQUIPE POUR...

- présenter votre collège
- réaliser une photo de classe

LEÇON 1 Un Canadien au collège

1 **Observe la BD. À ton avis, où sont les personnages ?**

2 **Écoute le dialogue et corrige les phrases suivantes.**

1 4

a. Paul est en France parce qu'il a de la famille en France.
b. Paul reste en France trois jours.
c. Paul est une star de cinéma.
d. Arthur et ses copines sont d'origine française.

3 **Écoute encore et associe.**

1 4

a. Arthur
b. Léa
c. Paul
d. Jeanne

1. est canadien.
2. est d'origine américaine.
3. est d'origine algérienne.
4. est d'origine malgache.

4 Écoute et choisis ce que tu entends.

5

a. canadien – canadienne
québécoise – québécois

b. algérienne – algérien

c. américaine – américain

6

Écoute encore les adjectifs de nationalité et compte le nombre de syllabes. Sur quelle syllabe est placé l'accent tonique ?

qué-bé-cois (trois syllabes) ;
a-mé-ri-caine (quatre syllabes).

7

Virelangue !

Adrienne est algérienne,
Marlène est américaine et
François est québécois !

Les adjectifs de nationalité, d'origine

6

AU SINGULIER

Masculin		Féminin	
	québéc**ois**.		québéc**oise**.
	améric**ain**.		améric**aine**.
	algér**ien**.		algér**ienne**.
Il est	canad**ien**.	Elle est	canad**ienne**.
	espagn**ol**.		espagn**ole**.
	franç**ais**.		franç**aise**.
	malgach**e**.		malgach**e**.

AU PLURIEL

Les adjectifs de nationalité prennent un **s**.

Ils sont américain**s**. — Elles sont espagnole**s**.

Ils sont québecoi**s**. — Elles sont québécoise**s**.

Et toi, quelle est ton origine ?
Et quelle est l'origine de tes camarades ?

5 Écoute les réponses de Paul et retrouve dans la BD les questions correspondantes.

8

a. J'habite chez Arthur, mon correspondant. ⟶ Tu habites où ?

6 Par deux, faites l'interview d'un(e) camarade. Choisissez un(e) élève de la classe et préparez chacun(e) une question à lui poser.

Qu'est-ce que tu aimes au collège ?

J'adore les cours de français !

Pour poser des questions

9

Tu habites **où** ?
= **Où est-ce que** tu habites ?

Tu rentres **quand** ?
= **Quand est-ce que** tu rentres ?

Pourquoi tu es en France ?
= **Pourquoi est-ce que** tu es en France ?

C'est **comment** ?
= **Comment est-ce que** c'est ?

Tu aimes **quoi** ?
= **Qu'est-ce que** tu aimes ?

LEÇON 2

Ma vie au collège en France

1 Observe le document ci-dessous. À ton avis, de quel endroit s'agit-il ?

	Lundi	Mardi	Mercredi	Jeudi	Vendredi
8h-9h	Techno / Français	Français	Maths		Technologie
9h-10h	Histoire Géo	Français	LV 1	LV 1	LV 1
10h-11h	Maths	LV 1	Français	Français / Techno	Français
11h-12h	Techno	Histoire Géo		Histoire Géo	Français
14h-15h	EPS				
15h-16h	EPS				
16h-17h		Étud			

ⓕ Ici, je parle et j'apprends des choses tous les jours avec les copains français mais, souvent, ils ne comprennent pas mes expressions sénégalaises !

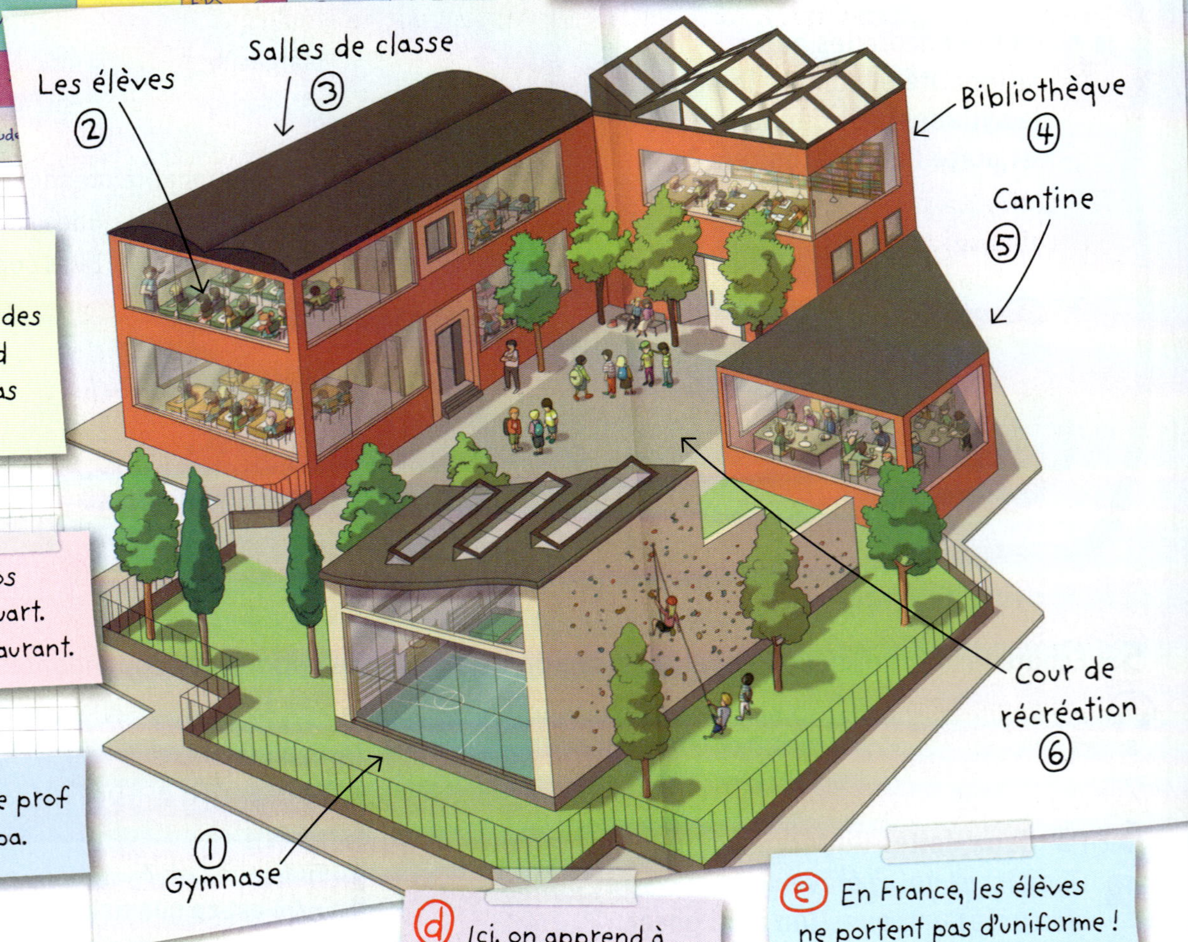

ⓐ Pour faire ses devoirs ou trouver des informations quand on ne comprend pas une leçon.

ⓑ Nous prenons nos repas ici à midi et quart. C'est comme au restaurant.

ⓒ Ici, on a cours. Le prof de français est sympa.

ⓓ Ici, on apprend à jouer au football ! Moi, je suis un champion au Sénégal !

ⓔ En France, les élèves ne portent pas d'uniforme !

2 Regarde le plan de ce collège français et lis les commentaires d'Abou, un élève sénégalais. Associe.

a → 4.

Et toi, que fais-tu pendant la récréation ?

3 Écoute Abou présenter son emploi du temps et associe. Quelle est sa matière préférée ?
10
▶ DICO VISUEL p. 77

Matières

a. français
b. histoire-géographie
c. sciences de la vie et de la terre
d. physique-chimie
e. technologie
f. anglais
g. arts plastiques
h. mathématiques
i. musique
j. sport

Nombre d'heures par semaine

1. quatre heures
2. trois heures
3. une heure et demie
4. une heure

Et toi, quelle est ta matière préférée ?

4 Avec la classe, comparez votre emploi du temps avec celui d'Abou.

Nous, nous avons une heure de français par semaine.

5 Relis les commentaires d'Abou page 10 et cherche les phrases qui correspondent aux dessins suivants.

1

2

3

Les verbes *prendre, comprendre* et *apprendre*
11

Je/J'	prends	comprends	apprends
Tu	prends	comprends	apprends
Il/Elle/On	prend	comprend	apprend
Nous	prenons	comprenons	apprenons
Vous	prenez	comprenez	apprenez
Ils/Elles	prennent	comprennent	apprennent

6 Par deux, choisissez une situation et mimez-la. La classe devine ce que vous faites.

a. prendre le bus
b. apprendre une langue
c. prendre un repas
d. (ne pas) comprendre le français
e. (ne pas) comprendre un exercice
f. prendre un stylo dans son sac

Tu prends/Vous prenez le bus !

MON COURS D'INSTRUCTION CIVIQUE

Pendant « l'heure de vie de classe », les élèves et les professeurs parlent des règles à respecter dans la classe, des problèmes entre élèves ou entre élèves et professeurs, des droits et des devoirs des élèves.

12 **Écoute ces élèves qui s'expriment pendant l'heure de vie de classe et associe.**

a. Le droit de ne pas parler.
b. Le devoir d'écouter les autres.
c. Le droit de parler de ses problèmes.
d. Le devoir de respecter les autres.

EN ÉQUIPE → PRÉSENTEZ VOTRE COLLÈGE ! p. 15

LEÇON 3 Zap collège

1 **Observe le document. Où peut-on voir ces personnages ?**

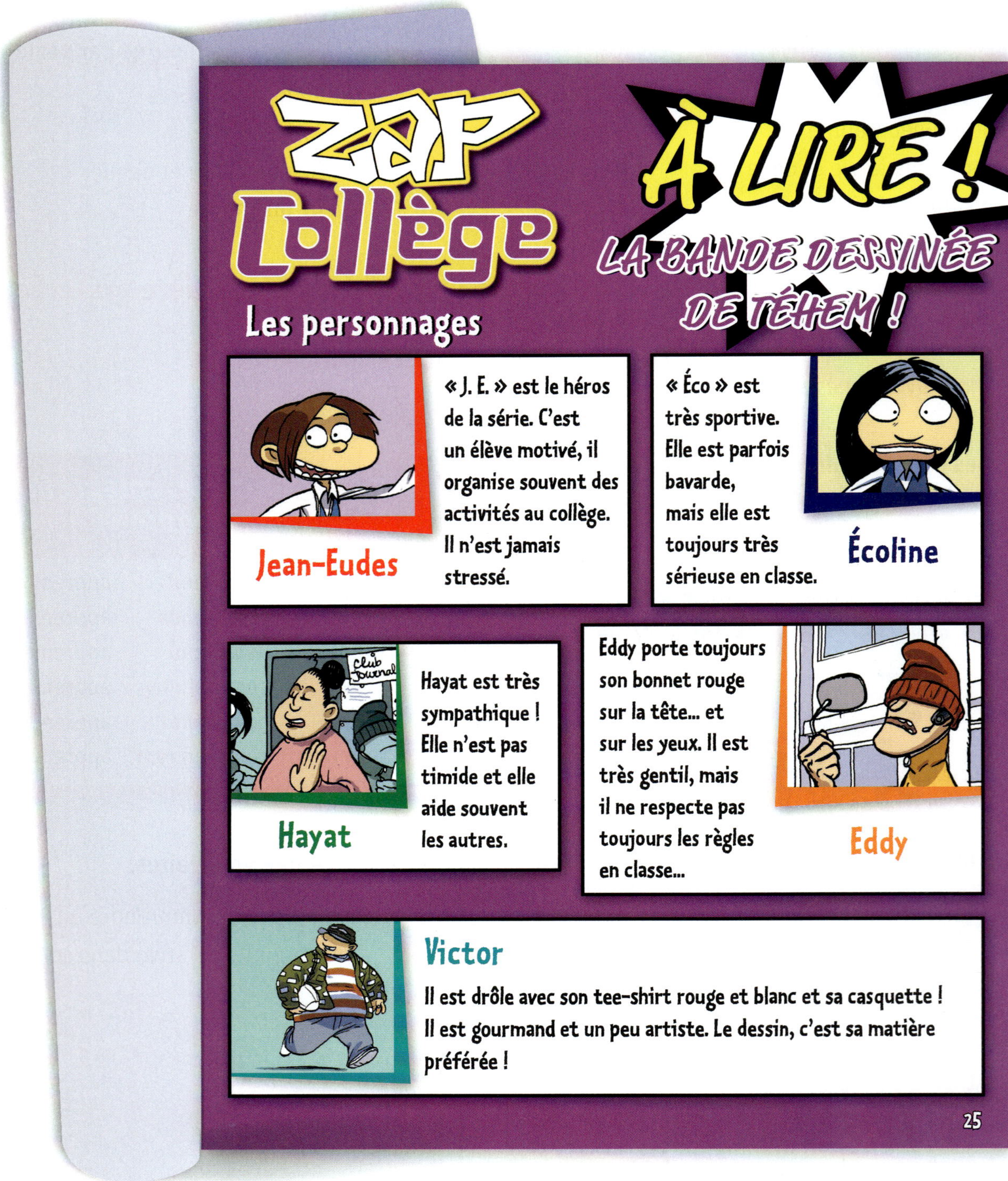

ZAP Collège

À LIRE ! LA BANDE DESSINÉE DE TÉHEM !

Les personnages

Jean-Eudes
« J. E. » est le héros de la série. C'est un élève motivé, il organise souvent des activités au collège. Il n'est jamais stressé.

Écoline
« Éco » est très sportive. Elle est parfois bavarde, mais elle est toujours très sérieuse en classe.

Hayat
Hayat est très sympathique ! Elle n'est pas timide et elle aide souvent les autres.

Eddy
Eddy porte toujours son bonnet rouge sur la tête... et sur les yeux. Il est très gentil, mais il ne respecte pas toujours les règles en classe...

Victor
Il est drôle avec son tee-shirt rouge et blanc et sa casquette ! Il est gourmand et un peu artiste. Le dessin, c'est sa matière préférée !

25

2 **Lis le document et retrouve les personnages correspondant aux définitions.**

a. Elle aime le sport et elle adore parler.
b. Il aime manger et dessiner.
c. Il est sympathique mais n'aime pas beaucoup les règles du collège.
d. Il adore l'école et il est calme.
e. Elle aime parler devant les autres et être gentille avec ses copains.

Quel est ton personnage préféré ? Pourquoi ?

3 Par deux, relisez le document page 12. Puis observez les dessins suivants et choisissez la bonne réponse.

1 Elle est **gourmande** / **timide** / **gentille**.
2 Il est **sympathique** / **bavard** / **motivé**.
3 Il est **timide** / **sérieux** / **drôle**.
4 Elle est **sportive** / **bavarde** / **stressée**.

Les adjectifs de caractère

13

Masculin		Féminin
-é : motiv**é**, stress**é**	→	**-ée** : motiv**ée**, stress**ée**
-e : timid**e**, drôl**e**	→	**-e** : timid**e**, drôl**e**
-x : sérieu**x**	→	**-se** : sérieu**se**
-if : sport**if**	→	**-ive** : sport**ive**
+ consonne : bavar**d**, gourman**d**	→	**consonne + *e*** : bavar**de**, gourman**de**

Au pluriel, les adjectifs prennent un *s* :
motivé(e)**s**, timide**s**, bavard(e)**s**

! gent**il** → gent**ille**

4 Choisis trois adjectifs pour te caractériser. ▶ DICO VISUEL p. 77

Moi, je suis sérieuse, timide et gourmande !

5 Classe dans l'ordre les mots suivants.

toujours — jamais — souvent — parfois

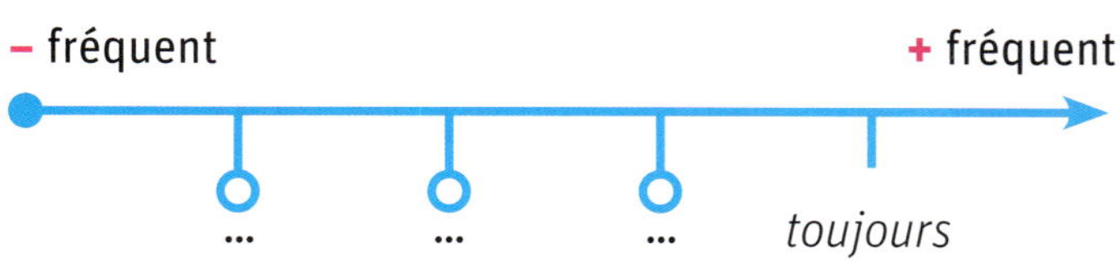

Pour exprimer la fréquence

14

Les adverbes de fréquence se placent après le verbe.
Elle est **parfois** bavarde.
Elle aide **souvent** les autres.
Il porte **toujours** son bonnet rouge.

Jamais s'accompagne toujours de la négation *ne*.
Il **n'**est **jamais** stressé.

Et toi, au collège : qu'est-ce que tu fais (ou ne fais pas) souvent, parfois, toujours ou jamais ?

EN ÉQUIPE
→ RÉALISEZ UNE PHOTO DE CLASSE ! p. 15

DOSSIER 1

LIRE ET DÉCOUVRIR

VIDÉO
ZAP COLLÈGE, LE DESSIN ANIMÉ

Grand jeu du collège français

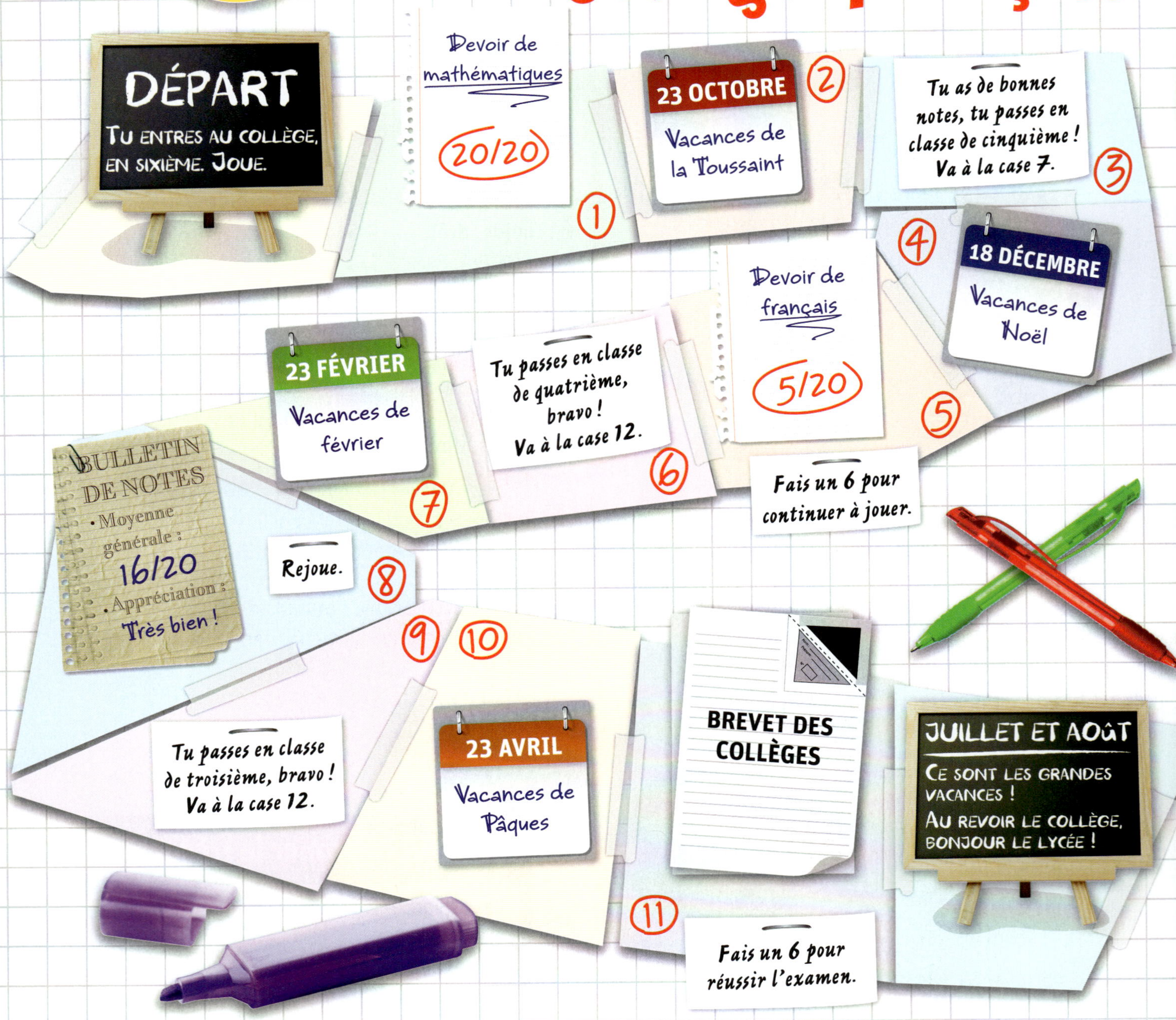

1 **Lis les cases du jeu : vrai ou faux ?**

a. En France, il y a cinq périodes de vacances scolaires.

b. Au collège, 16/20 est une bonne note.

c. La première classe du collège est la sixième.

d. Il y a cinq classes au collège.

e. Il n'y a pas d'examen à la fin du collège.

f. Après le collège, les élèves vont au lycée.

2 **Par deux, jouez au jeu du collège français.**

Votre matériel : 

3 **Par petits groupes, imaginez votre collège idéal (emploi du temps, classes, notes, vacances, etc.).**

Pour moi, le collège idéal, c'est deux heures de sport par jour et pas de notes !

EN ÉQUIPE

DOSSIER 1

PRÉSENTEZ VOTRE COLLÈGE !

1. Avec la classe, faites la liste des différents lieux de votre collège et écrivez-les sur des petits papiers.

la cantine

le gymnase

la bibliothèque

2. Par petits groupes, tirez au sort un des papiers et préparez la présentation de ce lieu. Dites ce que vous faites dans ce lieu et si vous l'aimez.

LA BIBLIOTHÈQUE

Ici, on révise nos leçons, on cherche des documents, on lit des livres. On aime la bibliothèque parce qu'on peut travailler en groupe et...

3. Présentez votre lieu à la classe.

Voici la bibliothèque. Ici, on révise nos leçons...

4. Affichez dans la classe la présentation des différents lieux pour reconstituer votre collège !

smSaviadigital.com
ENQUÊTE Ma visite guidée

RÉALISEZ UNE PHOTO DE CLASSE !

1. Sur une grande feuille, chaque élève de la classe colle sa photo ou se dessine.

2. Par deux, écrivez une phrase sur une étiquette pour caractériser votre camarade.

Emma est bavarde, mais très gentille...

3. Collez toutes les étiquettes à côté des photos correspondantes.

Emma est bavarde, mais très gentille...

Vous pouvez mettre cette photo sur le blog de la classe.

ÉVALUE TES CONNAISSANCES

smSaviadigital.com
FAIS LE POINT

Parler de ta nationalité, de tes origines ...../5

1 **Écoute et associe chaque personnage à la nationalité correcte.**

15

a. Akiko est un prénom d'origine
b. Le père d'Akiko est
c. Le père d'Émilie est
d. La mère d'Émilie est
e. Le chat d'Émilie a un prénom

1. malgache.
2. français.
3. anglais.
4. japonaise.
5. espagnol.

Décrire ton caractère et celui de tes copains ...../5

2 **Par deux. Choisis l'un des quatre personnages de *Zap collège* ci-dessous. Fais cinq phrases pour décrire son caractère à ton/ta camarade. Il/Elle devine qui c'est.**

1

2

3

4

– *Elle est stressée...*
– *C'est la fille du dessin 4 !*

Parler de ta vie au collège et de ton emploi du temps ...../5

3 **Lis le texte : vrai ou faux ?**

a. Le collège au Québec a un autre nom.
b. Les cours ne sont pas en français.
c. Les élèves portent un uniforme.
d. Il y a beaucoup de sport à l'école.
e. Nathan prend ses repas à la cantine.

Salut la famille !
L'école secondaire (= le collège) au Québec, c'est super ! Les cours sont en français, mais je ne comprends pas toujours l'accent québécois ! Nous portons tous les jours un tee-shirt de l'école bleu, blanc ou noir, c'est l'uniforme. Je fais beaucoup de sport et, le midi, je mange à 11 h 30, mais il n'y a pas de cantine, c'est une cafétéria ! C'est très différent du collège en France !
Bisous.

Nathan

Poser des questions ...../5

4 **Lis le sondage et réponds aux questions.**

SONDAGE SUR LA VIE AU COLLÈGE

Répondez aux questions et déposez vos réponses à la bibliothèque.

a. Qu'est-ce que tu aimes et qu'est-ce que tu n'aimes pas dans ton collège ? Pourquoi ?
b. Où est-ce que tu habites ? (près, loin du collège ?)
c. Comment est-ce que tu viens au collège ?
d. Quand est-ce que tu fais tes devoirs ?
e. Tu vas souvent à la bibliothèque ? Pour faire quoi ?

TOTAL : .../20

TON DICO

16

une nationalité
une origine
québécois(e)
algérien(ne)
américain(e)
espagnol(e)
marocain(e)
italien(ne)
canadien(ne)
chinois(e)
allemand(e)
prendre
apprendre
comprendre
un emploi du temps
une matière scolaire
l'histoire-géographie *(fém.)*
les sciences de la vie et de la terre *(fém.)*
la physique-chimie
les arts plastiques *(masc.)*
la cantine
le gymnase
la cour de récréation
la bibliothèque
un(e) collégien(ne)
motivé(e)
stressé(e)
calme
sportif(ive)
bavard(e)
gentil(le)
drôle
artiste
gourmand(e)
timide
sympathique
aider
souvent
parfois
jamais
toujours

DOSSIER 2

Amis de la nature !

Est-ce que tu as un animal à la maison ? Lequel ?

Qu'est-ce que tu aimes dans la nature ?

TU VAS APPRENDRE À...

- faire des projets
- exprimer un souhait et faire une demande polie
- parler de tes animaux préférés
- poser des questions avec *quel(le)(s)*

EN ÉQUIPE

POUR...

- créer un club nature
- créer une fiche sur un animal

LEÇON 1 Notre classe de découverte

1 **Est-ce que ton collège organise des sorties à la campagne ou à la montagne ?**

2 **Lis le document ci-dessus et écoute le dialogue : vrai ou faux ?**

1 17

a. Ils vont aller en classe de découverte en octobre.
b. Le thème est la mer.
c. Ils vont aller à la montagne.
d. Ils vont camper.
e. Ils vont découvrir la nature et les animaux.

3 **Écoute encore et associe les lieux aux activités correspondantes.**

1 17

a. On va aller à la mer pour...
b. On va aller à la montagne pour...
c. On va aller à la campagne pour...

1. faire de la randonnée.
2. faire de la plongée.
3. s'occuper des animaux.
4. faire de l'escalade.
5. faire du fromage.
6. observer les poissons.

4 **Nomme les activités suivantes. Aide-toi de l'exercice 3.**

1 
2 
3 
4 
5 

Et toi, tu préfères la mer ? la campagne ? la montagne ? Pourquoi ?

5 **Réécoute le dialogue et cherche les formes verbales correspondantes.**

17

Nous observons les animaux.
→ *Nous allons observer les animaux.*

a. On va à la campagne.

b. Nous découvrons la vie à la ferme.

Le futur proche pour faire des projets

18

Le verbe *aller* au présent + infinitif

Je	**vais**	**observer** la nature, les animaux, les fleurs.
Tu	**vas**	
Il/Elle/On	**va**	
Nous	**allons**	**aller** à la campagne, à la mer, à la montagne.
Vous	**allez**	
Ils/Elles	**vont**	

6 **Par deux. Choisis une personne de la classe et un des lieux ci-dessous. Ton/Ta camarade imagine l'activité possible. Faites des phrases comme dans l'exemple.**

– Clara va aller à la montagne.

– Elle va faire de l'escalade !

7 **Par deux, choisissez dans la brochure une destination pour une classe de découverte. Faites la liste des activités que vous allez faire. Présentez votre projet à la classe.**

Nous allons aller à la mer et nous allons faire...

smSaviadigital.com
JOUE avec les destinations

LEÇON 2 Mon club nature

1 **Observe le document ci-dessous. À ton avis, qu'est-ce qu'un club nature ?**

Bonjour, je m'appelle Arthur et je voudrais ~~organiser~~ créer un club nature.
~~Mes projets :~~
Avec ~~mes copains~~ mon club, je voudrais :
- faire des promenades en forêt pour observer les petits animaux
- dessiner les insectes, les fleurs et les feuilles des arbres
- reconnaître les cris des oiseaux et des animaux sauvages
- faire des actions pour ~~aider~~ protéger des animaux ~~en danger~~ en voie de disparition comme la baleine, la tortue et le tigre.

Voici les membres de mon club :
Léa, Justine et Marius.
Notre club s'appelle « Les amis des animaux et de la nature ».

2 **Lis le texte. Arthur écrit une lettre pour :**

a. parler de ses projets de vacances.
b. créer un club.
c. expliquer comment protéger la nature.

3 **Lis encore et associe les projets du club d'Arthur aux images du document.**

4 → faire des promenades en forêt.

4 **Retrouve dans le texte page 20 les noms des animaux suivants.**

1

2

3

4

[s] [z]

19 **Écoute et lève la main droite si tu entends [s] « s », la main gauche si tu entends [z] « z ».**

a. nous allons
b. observer
c. les oiseaux
d. les animaux
e. sauvage
f. l'escalade

20 **Virelangue !**

Dans ce zoo, des serpents sifflent dans vos oreilles et des zèbres passent sous vos yeux !

5 **Jouez avec la classe !**

21 **a. Écoutez et associez les cris aux animaux.**

a. Cocorico !
b. Meuh !
c. Cui-cui !
d. Groin, groin !

1. Les oiseaux.
2. La vache.
3. Le cochon.
4. Le coq.

b. Imitez chacun à votre tour le cri d'un animal. Les autres devinent de quel animal il s'agit.

– Cocorico !

– Le coq !

22 **Pour exprimer un souhait**

***Je voudrais* + infinitif**

Je voudrais créer un club.

Je voudrais observer les animaux.

6 **Relis la lettre d'Arthur page 20. Comment exprime-t-il le souhait de créer un club ?**

7 **Par deux, jouez au jeu des trois familles.**

a. Fabriquez neuf cartes comme ci-dessous et distribuez trois cartes par joueur.

Famille « animaux de la ferme »

Famille « animaux en voie de disparition »

Famille « nature »

b. Demande à ton/ta camarade les cartes que tu n'as pas ou prends une autre carte.

Dans la famille « nature », je voudrais la forêt.

Non !

EN ÉQUIPE → CRÉEZ UN CLUB NATURE ! p. 25

c. Pour gagner, reconstitue le maximum de familles.

LEÇON 3 Mes fiches animaux

1 Quel est ton animal préféré ? ▶ DICO VISUEL p. 78

LE TIGRE DU BENGALE — FICHE 1

Catégorie : animaux en voie de disparition.
Alimentation : les autres animaux !
Lieu de vie : les forêts d'Asie.
Habitudes : il aime être seul. Il n'aime pas partager la forêt avec les autres animaux.
Particularités : il saute très loin pour chercher des animaux à manger !

LA TORTUE LUTH — FICHE 2

Catégorie : animaux en voie de disparition.
Alimentation : des fruits de mer, des poissons.
Lieu de vie : les mers du Sud.
Habitudes : elle vit dans l'eau, mais elle se promène aussi sur les plages d'Amérique du Sud.
Particularités : elle est très grande et très grosse.

L'OURS À LUNETTES — FICHE 3

Catégorie : animaux en voie de disparition.
Alimentation : des fruits, des fleurs, des feuilles, des insectes, des oiseaux et des petits animaux.
Lieu de vie : l'Amérique du Sud.
Habitudes : il adore faire de l'escalade sur les arbres et sur les montagnes !
Particularités : il a deux ronds noirs sur les yeux, comme des lunettes !

LA BALEINE BLEUE — FICHE 4

Catégorie : animaux en voie de disparition.
Alimentation : de très petits poissons.
Lieu de vie : les océans.
Habitudes : elle fait des petits cris quand elle mange.
Particularités : ce n'est pas un poisson, c'est un mammifère ! C'est le plus gros animal du monde !

2 Lis les fiches de la page 22 et associe.

a. La baleine aime… b. La tortue aime… c. L'ours aime… d. Le tigre aime…

1 
2 
3 
4 
5 
6 
7 

3 Jouez avec la classe ! Cachez les fiches animaux et répondez aux questions le plus rapidement possible. Puis écoutez pour vérifier.

23

a. Quelle est l'alimentation de l'ours à lunettes ?
b. Quel animal vit dans la mer, ressemble à un poisson, mais n'est pas un poisson ?
c. Quelles sont les particularités des tortues luth ?
d. Quels animaux aiment faire de l'escalade sur les arbres ?

4 Relis les questions de l'activité 3 et associe.

a. quel	1. animaux
b. quelle	2. animal
c. quels	3. alimentation
d. quelles	4. particularités

Quel(le)(s)

24

Quel + nom masculin singulier
Quel animal vit dans la mer ?

Quelle + nom féminin singulier
Quelle est l'alimentation de l'ours à lunettes ?

Quels + nom masculin pluriel
Quels animaux aiment faire de l'escalade ?

Quelles + nom féminin pluriel
Quelles sont les particularités des tortues luth ?

5 Par deux. Relisez les fiches animaux, puis inventez deux questions avec *quel(le)(s)* et posez-les aux autres groupes.

– *Quel est le lieu de vie de la baleine bleue ?*
– *Les océans !*

Et toi, quels autres animaux en voie de disparition connais-tu ?

MON COURS DE BIOLOGIE

Qu'est-ce qu'ils mangent ? Associe (il y a plusieurs possibilités).

a. L'ours mange…
b. La baleine mange…
c. Les êtres humains mangent…
d. L'oiseau mange…
e. La vache mange…

1. des animaux.
2. des végétaux.
3. des poissons.
4. des insectes.

EN ÉQUIPE
CRÉEZ UNE FICHE SUR UN ANIMAL ! p. 25

DOSSIER 2 — LIRE ET DÉCOUVRIR

Les animaux de compagnie

VIDÉO ANNA ET SES ANIMAUX

1 Observe et lis le document ci-dessous. Quels sont les animaux de compagnie préférés des adolescents français ?

Les chiens et les chats sont les meilleurs amis des ados. Il y a presque 10 millions de chats et 9 millions de chiens dans les familles françaises ! Dans les BD aussi, il y a beaucoup d'animaux de compagnie !

A Obélix

Mon chien est blanc et très petit. Il a du noir sur les oreilles.

B Gaston Lagaffe

J'ai deux animaux de compagnie. Le premier vole dans le ciel. L'autre vit sur la terre et il est tout noir.

C Tintin

Il est blanc et petit. C'est mon animal de compagnie, mais aussi mon copain de tous les jours.

D Boule

Mon meilleur copain est un chien amusant.

E Lucky Luke

Mon chien porte un collier rouge autour du cou.

1 Idéfix

2 Milou

3 Bill

4 Le chat et la mouette

5 Rantanplan

2 Associe les animaux de BD à leur maître.

3 Par groupes de trois, imaginez un animal de BD amusant et trouvez-lui un nom.

Et dans ton pays, quel est l'animal de compagnie préféré ?

EN ÉQUIPE

DOSSIER 2

CRÉEZ UN CLUB NATURE !

1. Par groupes de trois, écrivez la liste des membres du club.

Membres du club :
Julián, Ana, Inés.

2. Donnez un nom à votre club.

Naturoclub !

Naturama !

3. Écrivez une lettre à la FCPN (Fédération des clubs « Connaître et Protéger la Nature »). Donnez des informations sur vous et dites ce que vous allez faire avec votre club.

Bonjour, nous nous appelons Julián, Ana et Inés et nous voulons créer un club nature.
Notre club s'appelle Naturoclub.
Avec notre club, nous voudrions :
– planter des arbres et des fleurs dans les jardins ;
– ...

4. Vous pouvez échanger votre lettre avec une autre groupe pour la correction.

smSaviadigital.com
ENQUÊTE Au zoo

CRÉEZ UNE FICHE SUR UN ANIMAL !

1. Choisissez un animal et faites des recherches sur lui.

Le chat ?

Le chien ?

Le tigre ?

2. Faites la fiche d'identité de votre animal selon le modèle suivant. Collez une photo.

LE CHAT

Catégorie : animaux de compagnie
Alimentation : poisson, lait, viande...
Lieu de vie :
Habitudes :
Particularités :

3. Sur un autre papier, écrivez une question sur votre animal. La réponse à cette question se trouve dans votre fiche.

Quelle est l'alimentation du chat ?

4. Avec la classe, mélangez vos questions et jouez à un quiz. Faites des équipes et répondez le plus vite possible aux questions pour gagner des points !

Quelle est l'alimentation du chat ?

Le poisson !

Vous pouvez trouver des informations sur les animaux sur Internet.

ÉVALUE TES CONNAISSANCES

smSaviadigital.com
FAIS LE POINT

Poser des questions avec *quel(le)(s)* .../5

1 **Écoute et réponds aux questions.**

(Piste 1 – 25)

a. Quel est l'animal préféré d'Alice ?
b. Quelle activité est-ce qu'elle va faire en juillet ?
c. Quels animaux est-ce qu'elle voudrait observer ?
d. Quelle activité est-ce qu'elle voudrait faire avec ses copains ?
e. Quel animal aime faire de l'escalade sur les arbres ?

Faire des projets .../5

2 **Lis l'agenda et explique à ton/ta camarade ce que tu vas faire cette semaine.**

Dimanche, je vais préparer mon départ et...

DIMANCHE 8
Matin : préparer mon départ en classe de découverte avec le collège, ranger mes vêtements.
Soir : prendre le bus avec la classe.

LUNDI 9
9 h 00 : c'est l'arrivée à la mer !
16 h 00 : faire de la plongée.

MARDI 10
9 h 00 : faire du bateau, aller à la pêche.

Parler de tes animaux préférés .../5

3 **Lis le témoignage de Marie. Devine quel est son animal préféré et complète la fiche.**

Animal :
Alimentation :
Lieu de vie :
Particularité :
Habitudes :

Forum Ado – Mon animal et moi

Marie – Posté le 3-10-2015

Mon animal préféré s'appelle Tino. Il vit dans la ferme de mon grand-père, près de chez moi. Il mange de l'herbe. Il est brun avec un rond blanc sur la tête. Le mercredi et le dimanche, je me promène sur son dos dans la campagne et la forêt.

Exprimer un souhait et faire une demande polie .../5

4 **Écris les souhaits correspondant aux images.**

1. Je voudrais aller à l'anniversaire de Lise !

1 

2 

3 

4 

5 

6 

TOTAL : .../20

TON DICO

(Piste 1 – 26)

les vacances
camper
un club
découvrir
la plongée
l'escalade
une randonnée
une forêt

un arbre
une fleur
une feuille
la montagne
la campagne
une ferme
l'eau *(fém.)*
un animal

une vache
un cochon
un tigre
un ours
une baleine
une tortue
un oiseau
un insecte

un chien
un chat
un cheval
un animal de compagnie
en voie de disparition
une fiche
une habitude
l'alimentation *(fém.)*

une particularité
gros(se)
sauter
nager
voler
le fromage
protéger
s'occuper de

DOSSIER 3

Chez moi !

Où habites-tu ?
Dans une maison ?
Dans un appartement ?

Quelle est ta pièce préférée ?
Pourquoi ?

TU VAS APPRENDRE À...

- localiser dans l'espace
- exprimer un désir
- faire visiter ta maison
- décrire ta chambre

EN ÉQUIPE

POUR...

- écrire un poème
- imaginer votre chambre idéale

LEÇON 1 Où est mon carnet ?

1 Est-ce que tu perds souvent tes affaires ?

LAURA. – Bienvenue chez moi, Noémie ! Viens, on va visiter. Mais, avant, je veux te montrer quelque chose... Papa, tu sais où est mon carnet ?

LE PÈRE. – Regarde sur la chaise, à côté de la table.

LAURA. – Non, il n'est pas là.

LE PÈRE. – Et derrière le canapé ?

LAURA. – Non.

LE PÈRE. – Bon, regarde sur la petite table, sous la fenêtre, à côté des livres.

LAURA. – Non, il n'est pas là.

LE PÈRE. – Laura, tu es vraiment tête en l'air ! Cherche sur les étagères au-dessus du fauteuil.

NOÉMIE. – Et sous les coussins... Moi, je retrouve souvent mes affaires sous les coussins du canapé !

LAURA. – Bravo ! Il est là, entre les deux coussins ! Merci ! Regarde.

NOÉMIE. – Un carnet ?... C'est quoi, ce carnet ?

LAURA. – C'est pour écrire des poèmes !

NOÉMIE. – Je comprends pourquoi tu perds tes affaires : les poètes sont toujours dans la lune !

2 Écoute le dialogue et choisis la bonne réponse.

1 27

a. Noémie et Laura sont...
   1. chez Noémie.
   2. chez Laura.
   3. chez le père de Noémie.

b. 1. Noémie cherche son carnet et son père le trouve.
   2. Laura cherche et trouve son carnet.
   3. Laura cherche son carnet et son père le trouve.

c. Dans le carnet, il y a...
   1. des poèmes de Laura.
   2. des poèmes de poètes.
   3. des poèmes de Noémie.

d. Le carnet est...
   1. sous la chaise.
   2. derrière le canapé.
   3. entre les coussins du canapé.

3 Par deux, observez le dessin page 28 et retrouvez les éléments suivants.

un canapé | une chaise | une table | des étagères | un fauteuil | une fenêtre | des coussins

4 Avec la classe, écoutez et chantez. (28)

Les livres sont par terre… pas sur les étagères !
Les chaises sont sur la table… c'est vraiment incroyable !
Les coussins sont cachés… derrière le canapé !
Le fauteuil du salon… n'est plus dans la maison !
La fenêtre est ouverte… et le ciel est tout vert…
C'est le monde à l'envers !

Et chez toi, comment est ton salon ? Décris-le.

5 Écoute encore le dialogue et associe. (27)

Dans le salon de Laura, il y a…

a. une chaise…
b. des étagères…
c. une petite table…

1. sous la fenêtre.
2. au-dessus du fauteuil.
3. à côté de la table.

6 Retrouve page 78 les sept livres de poésie de Laura. ▶ DICO VISUEL p. 78

Il y a un livre sur le canapé, entre les coussins.

7 Par deux, cachez un objet dans la classe. Écrivez sur un petit papier où est votre objet et échangez vos papiers avec un autre groupe. Le groupe qui trouve l'objet en premier gagne.

Notre objet est sous la fenêtre, à côté du sac de Manuela.

Pour localiser dans l'espace (29)

- **sur** la table
- **sous** la fenêtre
- **derrière** le fauteuil
- **dans** le salon
- **à côté** de la table / du fauteuil
- **au-dessus** des étagères
- **entre** les coussins

[f] [b] [v] [p]

Écoute et dis dans quel(s) mot(s) tu entends les sons [p], [v], [f] ou [b]. (30)

Virelangue ! (31)

Babeth a une nouvelle chambre avec plein de fenêtres et un beau fauteuil bleu devant son bureau !

LEÇON 2 Ma maison, ce n'est pas une maison...

1 Est-ce que tu connais des maisons originales ? Lesquelles ?

Mathias
Ami
Imagination
Secret
Original
tra**N**quille

Ma maison, ce n'est pas une maison
... c'est un bateau.
Il marche sur l'eau.
... c'est une île dans la ville.
Elle est bleue et tranquille.
... c'est un poisson qui nage.
Il rêve de voyages.

2 Regarde le carnet de Mathias. Trouve le mot caché dans la liste à gauche.

3 Écoute Mathias lire son poème. Sa maison n'est pas une maison : qu'est-ce que c'est ?
1
32

MON COURS DE LITTÉRATURE

a. Observe les trois livres et retrouve leur genre.

a. Journal intime.
b. Roman policier.
c. Recueil de poésies.

1

2

3

b. Et toi, tu aimes lire ? Quel genre de livres lis-tu : des poèmes ? des romans fantastiques ? des romans d'aventures ?...

4 **Écoute Mathias et regarde le plan de sa maison. Retrouve les pièces.**

33

a. le salon **b.** la terrasse **c.** les toilettes **d.** la cuisine **e.** la salle à manger **f.** la salle de bains **g.** la chambre des parents **h.** l'escalier **i.** le bureau **j.** l'entrée **k.** le couloir **l.** la chambre de Mathias **m.** la chambre d'amis

a. le salon → 3.

5 **Par deux, dites le plus rapidement possible dans quelle(s) pièce(s) vous faites ces activités.**

a. Je regarde la télévision… **b.** Je prends ma douche… **c.** Je fais mes devoirs… **d.** Je fais des gâteaux…

Je regarde la télévision dans le salon.

6 **Réécoute Mathias et fabrique des phrases, comme dans l'exemple.**

33

la cuisine / à gauche
→ C'est la cuisine. Elle est à gauche.

a. le bureau de mon père / à droite dans le couloir
b. la chambre de mes parents / à côté des toilettes
c. la terrasse / très grande

7 **Par deux. Décris ton appartement/ta maison à un(e) camarade. Il/Elle dessine le plan.**

34

C'est… / Il (Elle) est… Ce sont… / Ils (Elles) sont…

Au singulier :

Qu'est-ce que c'est ? **C'est** une île.	**Il/Elle est comment ?** **Elle est** bleue et tranquille.
Mon endroit préféré, **c'est** la terrasse. **c'est** un bateau.	**Elle est** très grande. **Il est** sur l'eau.

Au pluriel :

Ce sont mes livres de poésie.	**Ils sont** sur l'étagère.

EN ÉQUIPE → ÉCRIVEZ UN POÈME ! p. 35

LEÇON 3 Change ta chambre !

1 **Est-ce que tu aimes ta chambre ? Quel est ton objet préféré dans ta chambre ?**

▶ DICO VISUEL p. 78

www.tachambre.fr

Ouvre la porte de ta chambre

Accueil | Inscription | Connexion | Aide | Contact |

LOLOL

Messages : 15

Genre : ♂

Ma chambre est tout en haut de la maison. Il y a des posters de mes groupes préférés sur les murs au-dessus de mon lit. J'ai un grand bureau avec une étagère au-dessus. Ma chambre, c'est aussi mon refuge pour jouer de la guitare. Je n'aime pas beaucoup ranger ma chambre !

Mimi13

Messages : 8

Genre : ♀

Ma chambre, c'est mon univers ! Il y a des couleurs partout ! J'ai une table verte, un tapis de toutes les couleurs et mon plafond est orange ! Il y a des fleurs sur les murs et sur mes coussins.

Lalou

Messages : 5

Genre : ♀

Moi, ma chambre est petite ! J'ai deux lampes et un petit bureau, mais je n'ai pas d'étagères pour ranger tous mes livres... Je veux un grand tableau pour écrire des poèmes sur mes murs, mais il n'y a pas de place... Heureusement, j'ai mon carnet... et mon ordinateur !

2 **Observe et lis le document page 32. Vrai ou faux ?**

a. Lolol fait de la musique dans sa chambre.
b. Mimi13 a un plafond, un tapis et des coussins de couleur.
c. Il y a des étagères dans la chambre de Lalou.
d. Lalou écrit des poèmes sur les murs de sa chambre.

3 **Quelle chambre préfères-tu ? Explique pourquoi à ton/ta camarade.**

Je préfère la chambre de Mimi13 parce qu'elle est grande et très colorée !

4 **Par deux, retrouvez les éléments suivants sur les photos de la page 32.**

un tapis — un bureau — un lit — le mur — un ordinateur — une lampe — le plafond

5 **Écoute un adolescent parler de sa chambre et reconstitue trois phrases avec les éléments ci-dessous.**

35

Est-ce que vous — changer leur chambre. — Je — des murs gris ou noirs. — veulent — veux — changer votre chambre ? — Les ados — voulez

Le verbe *vouloir*

36

Je veux	Nous voulons
Tu veux	Vous voulez
Il/Elle/On veut	Ils/Elles veulent

Le verbe *vouloir* est suivi d'un nom ou d'un infinitif.
Je **veux** un grand lit.
Je **veux** changer la couleur des murs.

Et toi, qu'est-ce que tu veux/ne veux pas dans ta chambre ?

EN ÉQUIPE
IMAGINEZ VOTRE CHAMBRE IDÉALE ! p. 35

DOSSIER 3 — LIRE ET DÉCOUVRIR

VIDÉO RANGE TA CHAMBRE

La vie de château

En France, il y a beaucoup de châteaux. Ils racontent l'histoire de France.

1

Le château de Chambord

B

Le soleil est le symbole du roi Louis XIV (XVIIe siècle). Mes jardins sont célèbres parce que ce sont des jardins « à la française ». Je suis près de Paris.

3

Le château de Versailles

A

Construit au XVIe siècle sur le Cher (c'est une rivière), je ressemble à un pont sur l'eau.

2

Le château de Chenonceau

C

Mon parc et ma forêt sont magnifiques. Construit par le roi François Ier au XVIe siècle, j'ai quatre tours rondes et je suis près de Blois et de la Loire.

1 **Observe les photos et lis les textes. Associe.**

2 **Écoute le guide : vrai, faux ou on ne sait pas ?**

1 37

a. Le guide présente la journée du roi Louis XIV.

b. Nous visitons deux lieux : la chambre du roi et la galerie des Glaces.

c. Le roi se lève tout seul.

d. Beaucoup de gens regardent le roi se coucher.

e. Nous sommes au château de Chambord.

3 **Par petits groupes, faites visiter un monument célèbre de votre pays. Enregistrez votre commentaire.**

EN ÉQUIPE

ÉCRIVEZ UN POÈME !

1. Par deux, choisissez un modèle.

Modèle nº 1

Écrivez vos prénoms verticalement et cherchez des mots qui vous ressemblent pour chaque lettre.

Modèle nº 2

Choisissez un thème et écrivez un poème en forme de dessin.

2. Lisez et montrez votre poème à la classe, qui vote pour le plus original !

3. Rassemblez tous les poèmes de la classe et affichez-les.

smSaviadigital.com
ENQUÊTE Idées déco

IMAGINEZ VOTRE CHAMBRE IDÉALE !

1. Par deux. Dessinez ou découpez et collez des photos pour votre chambre idéale.

2. Présentez votre chambre idéale à la classe.

Dans notre chambre, il y a un grand coussin et un fauteuil...

3. Avec la classe, votez pour vos trois chambres préférées.

Moi, j'adore la chambre d'Ana et Eva, elle est super avec les posters sur les murs !

Moi, je préfère la chambre de Pablo et Luis avec le bureau sous le lit !

Vous pouvez trouver des photos de décoration sur Internet.

ÉVALUE TES CONNAISSANCES

smSaviadigital.com
FAIS LE POINT

Localiser dans l'espace …/5

1 **Écoute. Vrai ou faux ?**

38

a. Le jean est sur l'étagère.
b. Il y a des livres sous le lit.
c. Les baskets sont sous la chaise.
d. Il y a des livres à côté du tapis.
e. La trousse et les stylos sont sur le bureau.

Exprimer un désir …/5

2 **Par deux. Exprime cinq désirs et présente-les à ton/ta camarade.**

– C'est quoi ton rêve ?
– Je veux faire le Tour de France.

Faire visiter ta maison …/5

3 **Observe le dessin et trouve quelle famille habite cette maison.**

A Nous sommes quatre dans ma famille. Nous avons une grande cuisine (je suis gourmande !). Nous avons une grande terrasse.

B J'ai une sœur et je partage ma chambre avec elle. J'adore manger dans le jardin. Nous avons aussi une belle salle à manger, mais pas de salon.

C Chez moi, il y a une chambre pour mon frère, une pour ma sœur et moi et une pour mes parents. Le vendredi soir, nous regardons la télé tous ensemble dans le salon. J'adore notre jardin.

Décrire ta chambre …/5

4 **Lucien écrit à sa famille. Complète son mél. Écris cinq phrases sur sa chambre.**

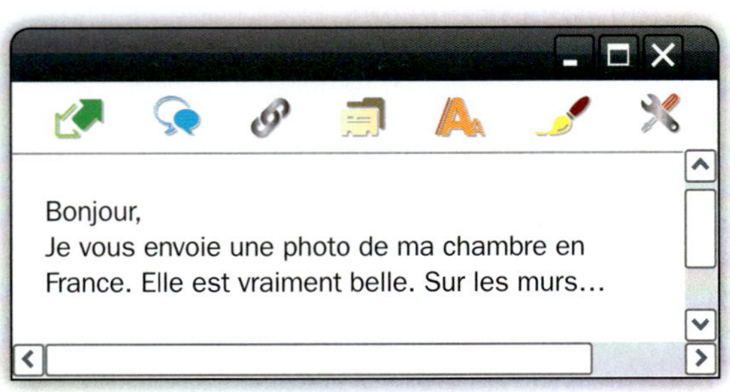

TOTAL : …/20

TON DICO

39

une maison
un appartement
une chambre
une fenêtre
une porte
un lit

une chaise
une table
un canapé
un fauteuil
un coussin
un tapis

une étagère
un carnet
une cuisine
un salon
une salle à manger
une salle de bains

les toilettes
un bureau
un couloir
un escalier
une terrasse
une entrée

un jardin
changer
vouloir
un château
une galerie
un siècle

la littérature
le roman
le théâtre
la poésie
un poème
un(e) poète/poétesse

DOSSIER 4

Combien ça coûte ?

Est-ce que tu aimes faire des cadeaux ? À qui ?

Est-ce que tu achètes parfois des objets d'occasion ?

TU VAS APPRENDRE À…

- compter de 70 à 100
- faire des achats
- parler de l'argent de poche, des dépenses
- parler de tes passions

EN ÉQUIPE

POUR…

- commencer une collection
- organiser un vide-greniers dans la classe

LEÇON 1 On l'achète ?

1 **Observe les photos. Que représentent-elles ?**

2 **Écoute le dialogue. Que font Louise et Arsène ?**

1 40

3 **Écoute encore. Corrige les erreurs dans les phrases suivantes.**

1 40

a. Louise et Arsène achètent un jeu pour la sœur d'Arsène.
b. Le prix du cadeau est de 9,20 euros.
c. Louise veut acheter une BD pour elle.
d. Arsène a une collection de stylos.

Et toi, à quelle(s) occasion(s) offres-tu des cadeaux ?

4 **Écoute encore le dialogue et associe.**

a. La sœur d'Arsène le connaît.
b. Elle ne l'a pas.
c. Je les adore.
d. Je la prends.

1. Les stylos.
2. La BD.
3. Le jeu.

5 **Par deux. Observez les objets sur le dessin et choisissez un cadeau. Faites des phrases comme dans l'exemple.**

Le livre, je l'achète / je le prends pour ma sœur.

6 **Réécoute le dialogue et retrouve la réponse à ces questions.**
40

a. Quel est le prix ? b. Combien ça coûte ?

Pour acheter quelque chose
44

Combien ça coûte ? / Quel est le prix ?
Ça coûte 12,35 euros. / Ça fait 17,20 euros.
C'est cher. / Ce n'est pas cher.
Qu'est-ce que j'achète ?
Je l'achète.

Les pronoms COD (compléments d'objet direct)
41

Elle connaît **le jeu**. → Elle **le** connaît.
COD (masculin)

Elle n'a pas **le jeu**. → Elle ne **l'**a pas.
COD (masculin)

Je prends **la BD**. → Je **la** prends.
COD (féminin)

Elle va adorer **la BD**. → Elle va **l'**adorer.
COD (féminin)

J'achète **les stylos**. → Je **les** achète.
COD (pluriel)

! Devant une voyelle, on utilise le pronom *l'* au singulier.

[ʃ] [ʒ]

42 **Écoute et classe les mots que tu entends.**

[ʃ] « ch » (acheter)	[ʒ] « j / g » (jeu)
...	...

43
Virelangue !
Juliette cherche quelque chose de chouette à acheter pour Jeannette !

7 **Par deux, choisissez un(e) camarade à qui faire un cadeau. Trouvez trois cadeaux possibles et préparez un dialogue pour choisir le cadeau dans un magasin. Jouez la scène devant la classe.**

- une BD,
- une casquette,
- un jeu

Qu'est-ce qu'on achète pour Jaime ?

LEÇON 2 Ma passion : mes collections

1 **Est-ce que tu as une collection ? Avec la classe, faites la liste de tous les objets qu'on peut collectionner.** ▶ DICO VISUEL p. 79

Moi, je collectionne les tickets de métro !

2 **Observe et lis le document. Réponds aux questions.**

a. Quelle est la collection préférée de Gabrielle ? Pourquoi ?
b. Quel est son premier objet de collection ?
c. Qu'est-ce qu'il y a sur la porte de sa chambre ?
d. Quelle est son autre passion ?

Et toi, tu connais la Belgique ?

3 **Relis les textes page 40 puis cache-les. Associe.**

a. Ma passion, ce sont…
b. Je ne suis pas passionnée…
c. Je n'aime pas beaucoup…
d. Je me passionne pour…
e. Je suis folle…

1. d'argent.
2. les objets belges.
3. de cette ville.
4. dépenser.
5. les pièces de monnaie anciennes.

45 Pour parler de ses passions

Ma passion, c'est la BD / ce sont les pièces de monnaie.
J'adore / J'aime cet autocollant.
Je suis passionné(e) d'objets belges.
Je suis fou (folle) de pièces de monnaie / de Bruxelles.
Je me passionne pour d'autres objets.

4 **Par deux. Observez les collections de ces adolescents et dites quelle est leur passion. Puis dites quelles sont vos passions.**

Je me passionne pour les casquettes !
les casquettes

1 
les boîtes

2 
les timbres

3 
les montres

5 **Relis les textes page 40. Comment est-ce que Gabrielle désigne les objets de ses collections ?**

J'adore *cette* pièce,  autocollant,  porte-clés et  tickets de musée !

46 Les adjectifs démonstratifs

Masculin	Féminin
ce porte-clés *(+ consonne)*	**cette** collection
cet autocollant *(+ voyelle)*	

Pluriel
ces porte-clés, **ces** collections, **ces** autocollants

6 **Jouez avec la classe. Chaque élève met un objet dans un sac, puis tire au hasard et demande à qui il appartient.**

– À qui est cette montre ?
– Cette montre est à moi !

MON COURS DE GÉOGRAPHIE

Dix-huit pays* de l'Union européenne appartiennent à la zone euro. Ils utilisent les pièces et les billets « euros » !

a. Lis les phrases ci-dessus. À ton avis, qu'est-ce que la zone euro ?
1. Les pays de l'Union européenne.
2. Les pays qui utilisent l'euro.
3. L'Europe.

b. Tu connais tous les pays de la zone euro ? Par deux, faites des recherches.

Pays de la zone euro en 2014
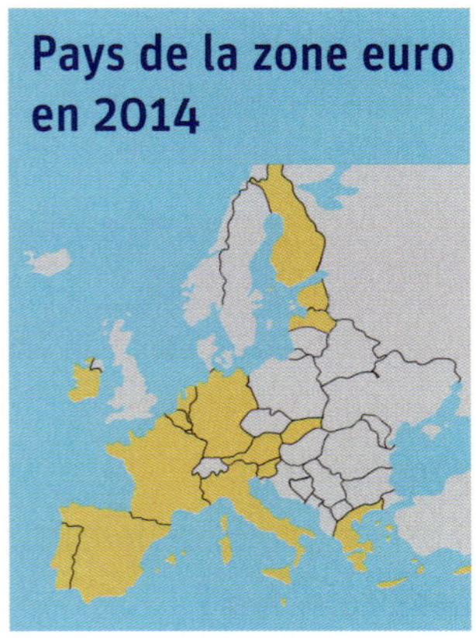

* en 2014

EN ÉQUIPE
COMMENCEZ UNE COLLECTION !
p. 45

LEÇON 3 Grand vide-greniers

1 **Observe l'affiche. À ton avis, qu'est-ce qu'un vide-greniers ?**

2 **Lis l'affiche : vrai ou faux ?**

a. Dans ce vide-greniers, les ados vendent des objets de leurs chambres.

b. Les ados n'achètent pas d'objets pour leur chambre.

c. Pour vendre des objets, ça coûte 5 euros.

3 **Écoute ces ados qui participent au vide-greniers et réponds aux questions.** (1 47)

a. Qu'est-ce que Raphaël achète ?

b. Pourquoi est-ce que Julia vient dans ce vide-greniers ?

c. Noé achète ou vend ? Pourquoi ?

Et toi, quel(s) objet(s) de ta chambre voudrais-tu vendre dans un vide-greniers ?

4 **Écoute encore et associe.** (1 47)

a. Combien d'...

b. Combien...

1. est-ce que tu dépenses ?
2. argent est-ce que tu gagnes ?

La question avec *combien* (1 48)

Combien + sujet + verbe	Combien de + nom
Combien tu dépenses ?	*Combien de pièces est-ce que tu as ?*
Combien est-ce que tu dépenses ?	*Tu as combien de pièces ?*
Tu dépenses combien ?	*Combien de pièces tu as ?*

5 **Lis les réponses ci-dessous et imagine les questions avec *combien*.**

– J'ai 18 euros dans ma poche.

→ *Tu as combien d'euros dans ta poche ?*

A. Elle gagne 45 euros.

B. J'ai quatre-vingt-un autocollants dans ma collection.

C. Ce CD coûte 5 euros.

D. Je vends quinze CD et vingt-cinq vêtements.

6 **Par deux. Imagine trois questions avec *combien* et pose-les à ton/ta camarade.**

Combien de frères et de sœurs as-tu ?

7 **Écoute encore les dialogues de l'activité 3 et choisis les nombres que tu entends.**

1 47

a. 26 pièces. / 16 pièces. / 96 pièces.

b. 62 euros. / 72 euros. / 12 euros.

c. Entre 40 et 100 euros. / Entre 80 et 100 euros. / Entre 20 et 50 euros.

8 **Écoute et chante.**

1 49

70 soixante-dix
75 soixante-quinze
80 quatre-vingts
85 quatre-vingt-cinq

90 quatre-vingt-dix
95 quatre-vingt-quinze
100 cent
105 cent cinq

EN ÉQUIPE
ORGANISEZ UN VIDE-GRENIERS DANS LA CLASSE ! p. 45

smSaviadigital.com
CHANTE avec le karaoké

DOSSIER 4 LIRE ET DÉCOUVRIR

Où acheter en France ?

VIDÉO LES SOLDES

1 **Retrouve les photos correspondant aux lieux suivants.**

a. Un magasin de vêtements.
b. Un marché.
c. Une librairie.
d. Un grand magasin.
e. Un vide-greniers.

2 **Des ados expliquent comment ils achètent. Écoute et dis dans quel(s) lieu(x) ils vont.**

1 50

3 **Par deux. Fais une liste d'objets et échange-la avec ton/ta camarade. Il/Elle dit où les acheter.**

un livre, un pantalon, des fruits

Le livre, on l'achète dans une librairie !

Et toi, où est-ce que tu préfères acheter ?

COMMENCEZ UNE COLLECTION !

1. Par deux, imaginez une collection.

> Nous sommes passionnés de voyages.
> Nous collectionnons des cartes postales !

2. Sur une feuille, dessinez ou collez des photos des objets de votre collection.

3. Écrivez un petit texte pour décrire votre collection.

Nous sommes passionnés de voyages, nous collectionnons des photos, des cartes postales de différents pays...

4. Présentez votre collection à la classe, qui vote pour la plus originale !

smSaviadigital.com
ENQUÊTE Ça n'a pas de prix !

ORGANISEZ UN VIDE-GRENIERS DANS LA CLASSE !

1. Par groupes, préparez une affiche pour votre vide-greniers.

2. Préparez votre stand : dessinez les objets que vous voulez vendre et disposez-les sur une table. Indiquez les prix.

3. Le vide-greniers peut commencer : accrochez votre affiche près de votre stand et visitez les stands des autres groupes. Achetez des objets et vendez les vôtres !

4. Qui a vendu le plus grand nombre d'objets ? Quel stand a eu le plus de succès ?

Vous pouvez aussi écrire des annonces pour vendre vos objets sur Internet.

ÉVALUE TES CONNAISSANCES

smSaviadigital.com
FAIS LE POINT

Compter de 70 à 100 .../5

1 **Écoute Mathieu et associe.**

51

a. Mathieu peut dépenser...
b. Le stylo coûte...
c. Le livre coûte...
d. La BD coûte...
e. L'agenda coûte...

1. 3,95 €.
2. 30 €.
3. 5,76 €.
4. 8,50 €.
5. 12,70 €.

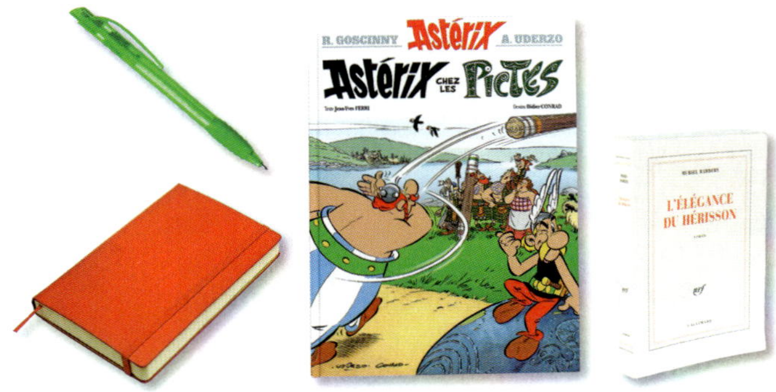

Faire des achats .../5

2 **Par deux. Observez les dessins et jouez la scène.**

Parler de l'argent de poche, des dépenses .../5

3 **Lis l'article et réponds aux questions.**

a. Combien d'argent de poche ont en général les ados français ?
b. Nomme trois choses qu'ils achètent avec leur argent. *(3 points)*
c. Comment est-ce qu'ils gagnent de l'argent ?

LES ADOS FRANÇAIS ET L'ARGENT DE POCHE

40 % des ados de 10-15 ans reçoivent de l'argent de poche : environ 15 euros par mois. Avec leur argent de poche, ils achètent des jeux vidéo (55 % des garçons), des bonbons (53 %) ou des vêtements (38 % des filles), ou ils ne le dépensent pas et l'utilisent pour faire des cadeaux ! Quelquefois, ils gagnent aussi de l'argent quand ils ont de bonnes notes à l'école ou quand ils font un petit travail.

(Source : Okapi n° 839)

Parler de tes passions .../5

4 **Observe les photos. Quelles sont ses passions ? Utilise cinq expressions différentes.**

Sa passion, ...

TOTAL : .../20

TON DICO

52

acheter
dépenser
vendre
gagner (de l'argent)
coûter
cher/chère
un prix

combien
une passion
une collection
collectionner
être passionné(e) de/
se passionner pour
être fou/folle de

une boîte
une montre
un timbre
un porte-clés
un autocollant
un vide-greniers
un marché

un magasin
une boutique
une librairie
les soldes
l'Union européenne
l'euro
une monnaie

un billet
une pièce
l'argent de poche
soixante-dix
quatre-vingts
quatre-vingt-dix
cent

DOSSIER 5

Bon appétit !

Quel est ton plat préféré ?

Est-ce que tu aimes faire la cuisine ?

TU VAS APPRENDRE À...

- exprimer une quantité
- parler de ton alimentation
- faire des recommandations
- faire une liste de courses

EN ÉQUIPE POUR...

- créer une recette originale
- composer un repas

LEÇON 1 Des courses pour notre pique-nique

1 **Observe la photo. Que font les trois personnages ?**

2 **Écoute et lis les bulles. Puis, par deux, remettez le dialogue dans l'ordre.**

2

A Des pâtes, pour un pique-nique ?

B Je vais aussi prendre de l'eau et des jus de fruits parce qu'on va avoir chaud et soif.

C Super, Florie, j'adore les pâtes ! Oh là là, faire les courses à l'heure du goûter n'est pas une bonne idée... J'ai faim !

D Sur la liste pour notre pique-nique, il y a du fromage, du poulet...

E Moi, je vais au rayon boucherie, chercher le poulet !

F Adam, tu vas au rayon fromage ? Moi, je vais à l'épicerie prendre des pâtes.

G Et du pain ? On n'a pas de pain pour les sandwichs !

H Va à la boulangerie, moi, je vais chercher des légumes.

I Oui, j'ai une super recette de salade de pâtes.

J Les légumes, c'est bon pour la santé !

K Alors... On a de la viande, mais pas de légumes...

L Et des chips ! Dans un pique-nique, il y a toujours des chips !

M Ah non ! Ce n'est pas sur la liste et ce n'est pas bon pour la santé !

N Les pommes de terre ? Des légumes ?

O Mais... ce sont des légumes, non ?

P Oh non, je n'aime pas les légumes...

3 Écoute encore et relis les bulles page 48. Qu'est-ce que Florie, Adam et Théo achètent ?

1

2

3

4 Qu'est-ce qu'on achète aux rayons suivants ? Associe.

a. À la boucherie.

b. À la boulangerie.

c. À l'épicerie.

1

2

3

5 Par deux. Associez, puis réécoutez le dialogue pour vérifier.

a. Je vais à l'épicerie prendre...	**1.** les pâtes.
b. J'adore...	**2.** des pâtes.
c. On n'a pas...	**3.** les légumes.
d. Je n'aime pas...	**4.** de légumes.

Les articles partitifs *du, de la, de l', des*

- **Pour parler des aliments en général**
  J'aime la viande.
  L'eau et le jus de fruits, c'est bon !
  J'adore les pâtes.
- **Pour parler d'une quantité non déterminée**
  On a de la viande.
  Je vais prendre de l'eau et du jus de fruits.
  Je vais acheter des pâtes.
- **Pour parler d'une quantité nulle**
  Je ne mange pas de viande.
  Il n'y a pas d'eau.
  Elle ne mange jamais de légumes.

Et toi, quel(s) aliment(s) préfères-tu ?
Qu'est-ce que tu (ne) manges jamais, quelquefois, souvent ?

6 Par groupes, organisez un pique-nique pour la classe. Faites une liste de courses, puis lisez-la et affichez-la au tableau. La classe vote pour le pique-nique qu'elle préfère !
▶ DICO VISUEL p. 79

smSaviadigital.com
JOUE avec les aliments

LEÇON 2 Les bonnes recettes de Juliette

La salade de pâtes arc-en-ciel | Les sandwichs rigolos | Les fruits en robe de chocolat

Salade de pâtes arc-en-ciel

Ingrédients :

- Un paquet de pâtes
- Des petits morceaux de fromage et de jambon
- Une boîte de petits pois ou de haricots verts
- Des tranches de tomates
- 4 cuillères de vinaigrette

Préparation :

1 **Observe et lis le document, puis réponds aux questions.**

a. Quelles recettes propose Juliette ?

b. Indique les recettes du document qui correspondent aux photos suivantes :

A 

B 

2 **Retrouve sur la photo de la salade de pâtes les ingrédients suivants.**

a. Les petits pois. b. Le jambon. c. Les pâtes.

3 (2 / 4) **Écoute l'explication de Juliette pour faire la salade de pâtes. Puis mets les instructions suivantes dans l'ordre.**

a. Mélange tout avec la vinaigrette.

b. Ajoute les petits pois ou les haricots verts.

c. Coupe le fromage, le jambon et les tomates.

d. Fais cuire les pâtes.

e. Mets au frigo.

4 Écoute encore et associe.

4

a. Mélanger… b. Faire cuire… c. Couper… d. Mettre…

1. avec un couteau.

2. dans une casserole.

3. au frigo.

4. avec une cuillère.

5 Relis le document page 50 et retrouve les expressions de quantité correspondant aux photos suivantes.

1

2

3

4

Pour exprimer la quantité

5

Les expressions de quantité sont toujours suivies de la préposition *de* quand il y a un nom après.

une cuillère de vinaigrette
un paquet de pâtes
une boîte de petits pois
un morceau de poulet
une tranche de tomate

6 Par deux. Aidez Juliette à déchiffrer sa recette des sandwichs rigolos.

cuillère · mets · frigo · faire cuire · coupe · tranches · morceaux · ajoute

Ingrédients pour deux sandwichs rigolos :

4 ✱ de pain, une ✱ de confiture, des ✱ de fruits

Préparation :

✱ la confiture sur le pain. ✱ tes sandwichs en forme de cœur ou d'étoile. ✱ des fruits autour de tes sandwichs. Pas nécessaire de ✱ ni de mettre au ✱ !

[k] [g]

Écoute et répète les phrases.

6

a. Mets la vinaigrette au frigo.
b. Une grande cuillère de confiture.
c. Coupe les légumes.
d. Quelle quantité de gâteau ?

Virelangue !

7

La gourmande Margot croque un gros gâteau qui dégouline de confiture à l'abricot !

MON COURS DE MATHS

Transforme la recette en nombre de cuillères à café.

INGRÉDIENTS :
- 100 g de farine
- 50 cl d'eau
- 70 g de sucre

Une cuillère à café =
- 0,5 cl d'eau ou de jus de fruit
- 5 g de sucre
- 4 g de farine

7 Par deux, imaginez la recette des fruits en robe de chocolat.

EN ÉQUIPE

→ CRÉEZ UNE RECETTE ORIGINALE ! p. 55

LEÇON 3 Bien dans son assiette

1 **À ton avis, quels aliments sont bons/mauvais pour la santé ?**

www.bonappetit.com

BON APPÉTIT

Pour être en bonne santé, nous devons faire attention à notre alimentation. Voici quelques recommandations !

- Bien dans ton assiette
- Compose tes repas
- Jeux

1 Tu dois manger un peu de tout.

2 Il faut manger à des heures régulières (au petit déjeuner, au déjeuner, au goûter, au dîner). Tu ne dois pas manger entre les repas.

3 Il ne faut pas boire trop de boissons sucrées. Bois beaucoup d'eau.

4 Tu dois manger assez de fruits et de légumes (au moins 5 par jour).

5 Il faut faire un peu d'exercice tous les jours.

2 **Lis le document et choisis la/les bonne(s) réponse(s).**

Sur le site de « Bon appétit », on propose...

a. des jeux sur l'alimentation.
b. des recettes.
c. une boutique pour faire ses courses.
d. des conseils pour bien manger.

3 **Relis le document et écoute ces adolescents. Quelle recommandation leur faire ?**

2 8

a ➝ recommandation 4 : tu dois manger assez de fruits et de légumes.

4 **Les adolescents français prennent quatre repas par jour. Associe chaque repas à son horaire.**

a. Le petit déjeuner.
b. Le déjeuner.
c. Le goûter.
d. Le dîner.

1 16:00 — 2 20:00 — 3 07:00 — 4 12:30

Et dans ton pays, il y a combien de repas par jour ? À quelle heure ?

5 **Cherche dans le document page 52 comment on exprime une recommandation.**

6 **Par deux. Dites ce qu'ils doivent/ne doivent pas faire pour avoir une bonne alimentation.**

a. Nous prenons cinq repas par jour.
→ *Vous devez/ne devez pas...*

b. Il mange des légumes et des fruits, mais il ne mange pas de viande et pas de poisson.

c. Elle boit des boissons sucrées à tous les repas.

d. Je ne mange pas toujours le midi.

Le verbe *devoir*

9

Je	dois
Tu	dois
Il/Elle/On	doit
Nous	devons
Vous	devez
Ils/Elles	doivent

! *Il faut* exprime aussi l'obligation : *Il faut manger à des heures régulières.*

7 **Observe les dessins et fais une phrase avec la quantité correcte.**

assez · beaucoup · trop · peu

→ *Il mange trop.*

1

2

3

Pour exprimer la quantité

10

un peu (de) < **assez** (de) < **beaucoup** (de) < **trop** (de)

*Je mange **beaucoup**.*

*Tu dois manger **assez de** légumes.*

8 **Par deux. Observez les aliments de la famille Finken pour une semaine. Que mangent-ils ? Est-ce que c'est trop ? Assez ? Pas assez ? Comparez vos réponses avec la classe.**

La famille Finken

EN ÉQUIPE

→ COMPOSEZ UN REPAS ! p. 55

DOSSIER 5 LIRE ET DÉCOUVRIR

À la table des Français

VIDÉO C'EST MOI QUI RÉGALE

1 Regarde le menu. À ton avis, une brasserie, qu'est-ce que c'est ?

a. Un restaurant.

b. Un supermarché.

c. Une cantine.

2 Retrouve sur le menu le nom des plats correspondant aux photos. Quelle photo ne correspond pas ?

3 (2 – 11) Écoute et retrouve la photo du plat correspondant à chaque description.

Quel plat du menu est-ce que tu voudrais/ne voudrais pas goûter ?

4 Par groupes. Composez un menu de restaurant (français ou de votre pays) avec des plats et des desserts.

CRÉEZ UNE RECETTE ORIGINALE !

1. Par groupes, imaginez une recette amusante.

La tarte aux bonbons !

2. Écrivez et dessinez les ingrédients et les quantités.

- un paquet de bonbons

- des morceaux de fruits

- de la farine

- du sucre

- ...

3. Écrivez les instructions de la recette.

Mélanger la farine avec le sucre, puis ajouter les fruits en morceaux...

4. Avec la classe, votez pour la recette la plus amusante et créez un livre de recettes !

COMPOSEZ UN REPAS !

1. Par deux, imaginez un repas pour le déjeuner.

Des lasagnes ! Et comme entrée ?

Une salade ! Et un fruit en dessert !

2. Sur une feuille, dessinez un plateau et une assiette. Puis découpez et collez ou dessinez les aliments dans votre assiette et sur votre plateau. Notez le nom des aliments.

3. Présentez votre repas à la classe et affichez tous les repas. Quels sont les repas équilibrés ?

Vous pouvez trouver des recettes françaises sur Internet.

smSaviadigital.com
ENQUÊTE À table !

ÉVALUE TES CONNAISSANCES

smSaviadigital.com
FAIS LE POINT

Exprimer une quantité .../5

1 **Écoute la recette et dis quelle quantité est nécessaire pour chaque ingrédient.** (2 12)

bananes | fraises | sucre | jus de fruit | chocolat

Parler de ton alimentation .../5

2 **Par deux. Dis ce que tu manges au dîner du lundi au vendredi. Ton/Ta camarade dessine tes repas, puis tu vérifies.**

Le lundi soir, je mange de la salade…

Faire des recommandations .../5

3 **Lis l'article : vrai ou faux ?**

a. Il faut manger cinq fruits et légumes par jour.
b. Nous devons manger de la viande le midi et le soir.
c. Nous ne devons jamais manger de sucre.
d. Il y a du sucre dans les pâtes et le pain.
e. Il y a trop de sucre dans les gâteaux et les bonbons.

UNE BONNE ALIMENTATION

Pour notre corps, nous devons manger de tout.
5 fruits et légumes par jour, ce n'est pas trop pour être en bonne santé.
Mais attention, manger trop de viande, ce n'est pas bon ! Nous ne devons pas manger de viande le midi et le soir ! Une fois par jour, pas tous les jours de la semaine, c'est assez.
Faites attention au sucre ! Un peu de sucre n'est pas mauvais pour la santé : il y a du sucre dans les pâtes ou le pain, par exemple. Mais les bonbons et les gâteaux sont trop sucrés.

Faire une liste de courses .../5

4 **Tu organises un goûter et tu invites quatre copains/copines. Fais ta liste de courses. Écris cinq aliments au minimum !**

TOTAL : .../20

TON DICO (2 13)

l'alimentation *(fém.)*
les aliments *(masc.)*
la santé
la viande
les légumes *(masc.)*
la salade
le fromage
le pain

le jus de fruit
l'eau *(fém.)*
un repas
le petit déjeuner
le déjeuner
le goûter
le dîner
un menu

un plat
un dessert
un supermarché
les courses *(fém.)*
un pique-nique
la cuisine
une recette
un ingrédient

manger
boire
devoir
mélanger
mettre
ajouter
couper
cuire

une tranche
une boîte
un morceau
un paquet
une cuillère à café/à soupe
un couteau
une casserole
un frigo

un gramme
un litre
un peu (de)
assez (de)
beaucoup (de)
trop (de)
une brasserie

DOSSIER 6

Fan de télé

Tu regardes la télé ?
Combien d'heures par jour ?

Est-ce que tu aimes les jeux à la télé ?

TF1
arte
M6

TU VAS APPRENDRE À...

- compter jusqu'à l'infini
- raconter des événements passés
- localiser dans le temps
- donner des informations biographiques

EN ÉQUIPE

POUR...

- écrire un article sur une star
- imaginer une épreuve pour un jeu

LEÇON 1 Quelle aventure !

1 Tu as déjà rencontré une star ?

2 Écoute le dialogue et associe les bulles aux adolescents.

2 14

Louis — Noémie — Sofia

A Moi, hier, j'ai fait une rencontre incroyable : j'ai parlé avec André Bouchet dans un parc d'attractions !

B J'ai déjà vu Tal.

C Le jeu à la télé ? Je n'ai jamais regardé.

D J'ai pris le train fantôme et il y a eu un problème. On a dû rester vingt minutes dans le noir, au milieu des araignées et des squelettes.

3 **Observe ces verbes du dialogue et associe. À ton avis, quand se passent ces actions : dans le passé, le présent ou le futur ?**

a. vous avez rencontré **b.** j'ai pris **c.** j'ai adoré **d.** il y a eu **e.** on a dû

1. prendre **2.** adorer **3.** rencontrer **4.** devoir **5.** avoir

Le passé composé avec *avoir*

2 15

On utilise le passé composé pour raconter des faits passés.
La plupart des verbes se conjuguent avec ***avoir* au présent** + le verbe au **participe passé**.

Les verbes en *-er* ont un participe passé en *-é*.
J'**ai**, tu **as**, il/elle/on **a**, nous **avons**, vous **avez**, ils/elles **ont** { **rencontré** une star. **adoré** le concert.

Les autres verbes ont un participe passé **irrégulier**.
J'**ai**, tu **as**, il/elle/on **a**, nous **avons**, vous **avez**, ils/elles **ont** { **pris** le train fantôme. **eu** un problème, **dû** rester dans le noir.

À la forme négative :
Je **n'**ai **pas** regardé. Je **n'**ai **jamais** regardé.

4 2 14 **Écoute encore le dialogue et retrouve la réponse aux questions suivantes.**

a. Vous avez déjà rencontré une star ?
b. Vous avez déjà regardé « Fort Boyard » ?

Pour échanger sur des expériences passées

2 16

Vous avez **déjà** rencontré une star ?
– Oui, j'ai **déjà** rencontré une star.
– Non, je **n'**ai **jamais** rencontré de star.

5 **Et toi, est-ce que tu as déjà…**

a. fait une rencontre incroyable ?
c. pris un train fantôme ?
b. visité un parc d'attractions ?
d. vu le concert d'un chanteur célèbre ?

Oui, j'ai déjà visité beaucoup de parcs d'attractions ! J'adore !

Et toi, qu'est-ce que tu as fait hier ?

[ə] [e]

2 17 **Écoute et dis si tu entends le présent « e » [ə] ou le passé composé « é » [e].**

2 18 **Virelangue !**

Hier **j'ai regardé** Mémé participer au jeu télévisé et aujourd'hui **je regarde** Pépé qui **passe** au JT !

6 **Par deux. Imaginez une aventure incroyable ou terrifiante. Puis créez un dialogue pour raconter vos aventures et jouez-le devant la classe.** ▶ DICO VISUEL p. 80

– Tu as déjà vu un fantôme ?
– Non, je n'ai jamais… Et toi, tu as déjà… ?

LEÇON 2

Les personnalités préférées des ados

1 Observe les quatre photos ci-dessous. Peux-tu trouver des personnalités équivalentes dans ton pays ?

Les stars et vous

Les personnalités préférées des ados

Nicolas Hulot

Tal

André Bouchet

Stromae

DAVID

Lui et moi, nous sommes nés le même jour : le 29 mars (mais pas la même année) ! Il est très petit et il a été animateur pour la chaîne France 2 avec l'émission « Fort Boyard ». Son personnage de Passe-Partout est célèbre dans trente pays ! Il est aussi chanteur et acteur.

LÉA

Son nom complet, c'est Tal Benyerzi. Elle est née en Israël et elle est arrivée en France à l'âge d'un an. Ses chansons sont devenues célèbres en 2012 et, en 2013, elle a participé à l'émission de télé-réalité « Danse avec les stars » sur la chaîne de télé TF1. C'est ma chanteuse préférée !

25

2 Lis les témoignages et retrouve de quelle personnalité chacun parle.

3 2 19 Écoute la présentation des deux autres personnalités et retrouve de qui il s'agit.

4 **Relis les témoignages page 60 et réécoute l'activité 3. Réponds aux questions.**

2 19

Qui...

a. est animateur/animatrice ?
b. est chanteur/chanteuse ?
c. est aventurier/aventurière ?
d. est acteur/actrice ?
e. a participé à une émission de télé-réalité ?
f. a travaillé pour la chaîne France 2 ?

5 **Observe les formes verbales puis associe-les aux deux catégories.**

a. nous sommes nés **b.** il a été **c.** elle est arrivée **d.** elle a participé
e. il est devenu **f.** il est allé **g.** il a vu

passé composé avec *avoir* passé composé avec *être*

Le passé composé avec *être*

2 20

Au passé composé, on utilise l'auxiliaire *être* pour **14 verbes** (*naître, mourir, aller, partir, venir, passer, monter, descendre, retourner, entrer, sortir, arriver, rester, tomber*) ainsi que pour **les verbes pronominaux** (= verbes avec *se*. Exemples : *se lever, se promener*, etc.).

Il est allé dans beaucoup de pays.

Il s'est passionné pour l'écologie.

Avec l'auxiliaire *être*, on accorde le participe passé avec le sujet.

Nous ***sommes nés*** *le même jour. Elle* ***est née*** *en Israël. Ses chansons* ***sont devenues*** *célèbres.*

6 **Transforme la biographie de Tal au passé composé.**

Tal naît en Israël dans une famille de musiciens. Ils viennent en France en 1990. Le premier album de Tal sort en 2011. Elle passe à la télévision française pour une émission de télé-réalité en 2013. En 2014, elle devient l'artiste féminine francophone de l'année !

7 **Par deux, jouez au jeu du « Qui suis-je ? ». Ton/Ta camarade décide quelle personnalité de la télé tu es. Pose des questions pour deviner de qui il s'agit.**

Et toi, quand est-ce que tu es né(e) ? Où ?

smSaviadigital.com
JOUE avec le passé composé

EN ÉQUIPE
ÉCRIVEZ UN ARTICLE SUR UNE STAR !
p. 65

LEÇON 3 Fort Boyard

1 **Observe le document. Tu connais cette émission ?**

2 **Lis le document : vrai ou faux ?**

a. Dans ce jeu, les candidats doivent trouver des clés et un mot-code.

b. Pour gagner, les candidats doivent trouver 10 000 euros.

c. Le père Fouras pose des questions aux candidats.

d. Les boyards sont des personnages du jeu.

3 (2 21) **Écoute la description des épreuves et retrouve les photos correspondantes.**

4 **As-tu une bonne mémoire ? Mets les étapes du jeu dans l'ordre, puis relis le document pour vérifier.**

Les équipes doivent trouver un mot-code.

Les équipes collectent des boyards.

Les équipes doivent trouver un maximum de clés.

(2 22) Pour localiser dans le temps

- **Pour indiquer la date**

  *Le jeu est né **en 1990**.*

- **Pour indiquer la chronologie**

  ***Au début** (du jeu) = **D'abord**, les équipes doivent trouver des clés, **ensuite**, un mot-code et, **à la fin** (du jeu), ils doivent trouver un trésor.*

- **Pour indiquer une durée**

  ***Pendant** le jeu, les équipes doivent répondre à des énigmes.*

5 **Par deux. Lis les règles du père Fouras et réexplique-les à ton/ta camarade en indiquant la chronologie avec *d'abord*, *ensuite* et *à la fin*.**

Le candidat entre dans le Fort. Il écoute mon énigme : il a trois minutes pour répondre. Il peut gagner une clé, sinon, je jette la clé à la mer.

Le jeu « Fort Boyard » est né en 1990 et il existe toujours !
Deux équipes de candidats doivent participer à des épreuves pour trouver un trésor.

Règles du jeu

Au début du jeu, il y a deux équipes. Elles doivent d'abord trouver le maximum de clés pour continuer le jeu. Ensuite, les équipes doivent trouver un mot-code. À la fin de l'émission, avec le mot-code, elles collectent des boyards (des pièces d'or) et ont la possibilité de gagner dix mille euros.
Pendant l'émission, les candidats doivent aussi trouver la solution aux énigmes du père Fouras.

6 (2 – 24) **Écoute les indices du père Fouras et retrouve les nombres que tu entends. Puis réécoute et trouve la solution à l'énigme.**

a. 1990 / 1980 / 1941
1 000 000 / 10 000 / 1 000
b. 50 000 / 5 000 / 500 000
c. 1957 / 1857 / 1587

7 **Par deux. Observez les photos et retrouvez en quelle année se sont passés ces événements.**

en 1789 — en 1429 — en 1889

1 
La construction de la tour Eiffel

2 
Jeanne d'Arc participe à la guerre contre les Anglais

3 
La Révolution française

Connais-tu d'autres événements historiques ? En quelle année ou à quel siècle se sont-ils passés ?

MON COURS D'HISTOIRE

(2 – 23) **Observe la frise chronologique et écoute. De quelle époque on parle ?**

a. L'époque contemporaine.

Le Moyen Âge	La Renaissance	L'époque moderne	L'époque contemporaine
VIe-XVe siècles	XVe-XVIe siècles	XVIIe-XVIIIe siècles	XIXe-XXIe siècles

La Révolution

EN ÉQUIPE
→ IMAGINEZ UNE ÉPREUVE POUR « FORT BOYARD » ! p. 65

DOSSIER 6

LIRE ET DÉCOUVRIR

La télévision française

VIDÉO
FORT BOYARD

1 Observe le document et retrouve les noms des principales chaînes de télé françaises.

2 Écoute et retrouve le genre de chaque émission.

2 25

une série — un film — un match — un dessin animé — le journal télévisé — une émission de télé-réalité

3 À votre avis, regarder la télé, c'est bien ? Par petits groupes, faites la liste des aspects positifs et négatifs de la télé.

La télé, c'est bien pour apprendre le français !

Regarder trop la télé, c'est mauvais pour la santé !

Et toi, qu'est-ce que tu préfères regarder à la télé ?

EN ÉQUIPE

ÉCRIVEZ UN ARTICLE SUR UNE STAR !

1. Par groupes de trois. Choisissez une star que vous aimez bien. Cherchez des informations et des photos sur elle.

2. Écrivez une petite biographie de votre star et collez les photos.

Dani Martín est né en 1977 à Madrid. Il a commencé à travailler à la télé à l'âge de 14 ans...

3. Présentez votre star à la classe.

Vous pouvez chercher des informations sur les stars sur Internet.

IMAGINEZ UNE ÉPREUVE POUR « FORT BOYARD » !

1. Par petits groupes. Imaginez une épreuve pour le jeu « Fort Boyard ».

L'épreuve des serpents
~~*L'épreuve du grand saut*~~
~~*L'épreuve de la nage*~~

2. Écrivez les règles : qu'est-ce que le/la candidat(e) doit faire, qu'est-ce qu'il/elle doit trouver ?

Le candidat a quatre-vingts secondes pour trouver une clé dans une pièce avec des serpents...

3. Présentez votre épreuve à la classe, qui vote pour la plus originale !

smSaviadigital.com
ENQUÊTE Faites vos jeux !

ÉVALUE TES CONNAISSANCES

smSaviadigital.com
FAIS LE POINT

Compter jusqu'à l'infini ...**/5**

1 Écoute et retrouve les informations suivantes sur la série *Plus belle la vie*.

26

a. Nombre de personnages.
b. Nombre d'épisodes.
c. Date du 2500e épisode.
d. Année de naissance de *Plus belle la vie*.
e. Nombre de Français qui la regardent tous les jours.

Raconter des événements passés .../5

2 Par deux. Observe les dessins et raconte les événements à ton/ta camarade.

Hier, Léa...

Localiser dans le temps .../5

3 Lis l'article : vrai ou faux ?

a. Coco Chanel est née au XVIIIe siècle.
b. Elle a perdu sa mère à l'âge de douze ans.
c. Coco Chanel a d'abord été chanteuse et, ensuite, elle a appris à faire des vêtements.
d. La petite robe courte est un célèbre vêtement de Coco Chanel.
e. Coco Chanel a toujours préféré les cheveux longs pour les femmes.

Coco Chanel est née en 1883. Sa mère est morte en 1895. À l'âge de dix-huit ans, elle a appris à faire des vêtements. Ensuite, elle est devenue chanteuse à vingt-quatre ans.
Pendant les années 1920 et 1930, elle a été célèbre pour sa « petite robe noire » et parce qu'elle a imaginé la mode des cheveux courts pour les femmes.

Donner des informations biographiques .../5

4 Écris une petite biographie de toi-même. Fais cinq phrases.

Je suis né(e)...

TOTAL : .../20

TON DICO

27

d'abord
au début (de)
ensuite
pendant
à la fin (de)
un parc d'attractions
un squelette
une araignée
un fantôme

un serpent
un(e) animateur(trice)
un(e) acteur(trice)
un(e) chanteur(euse)
un(e) aventurier(ière)
une star
un autographe
célèbre
né(e)

mort(e)
une biographie
raconter
rester
passer
monter
descendre
retourner
entrer

trouver
sortir
le Moyen Âge
la Renaissance
la Révolution
un siècle
une guerre
une chaîne
une émission

un dessin animé
un journal télévisé
la télé-réalité
un(e) candidat(e)
une énigme
une solution
un trésor
une épreuve

DOSSIER 7

Sciences et avenir

Quelles questions te poses-tu sur l'avenir ?

As-tu déjà fait des expériences scientifiques ? Lesquelles ?

TU VAS APPRENDRE À...

- donner des précisions sur un lieu
- comparer deux éléments
- parler du temps qu'il fait
- parler de l'avenir

EN ÉQUIPE

POUR...

- présenter la météo
- imaginer les habitants d'une autre planète

LEÇON 1 Pourquoi est-ce qu'il y a des saisons ?

1 **Quelle est ta saison préférée ? Le printemps, l'été, l'automne ou l'hiver ?**

2 **Écoute le dialogue : vrai ou faux ?**

28

a. Des adolescents participent à une émission de radio sur les sciences.
b. La question d'Elsa est : « Pourquoi est-ce qu'il pleut aujourd'hui ? ».
c. Les pays près de l'équateur sont toujours en face du Soleil.
d. Aujourd'hui, il y a du soleil et il fait chaud.

3 **Écoute encore. Pourquoi est-ce qu'il y a des saisons ?**

28

4 **Observe les dessins suivants. Quel temps fait-il ? Aide-toi du tableau ci-dessous.**

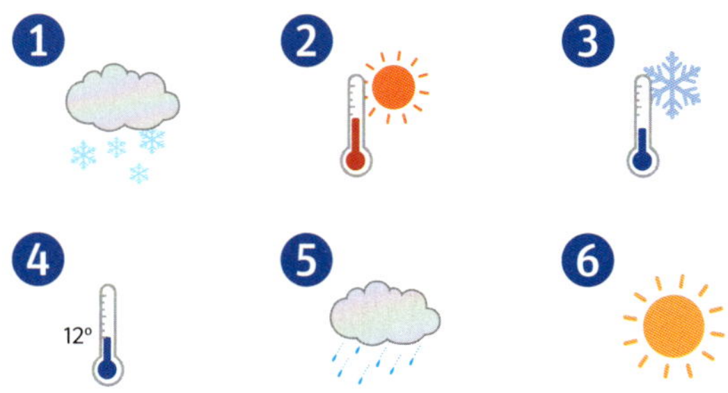

Pour parler du temps qu'il fait 29

Il fait beau.	Il fait dix degrés.
Il pleut.	Il fait chaud.
Il neige.	Il fait froid.

Et chez toi, quel temps fait-il aujourd'hui ?

5 **Réécoute le dialogue. Quelle est la particularité des pays situés près de l'équateur ?**

28

Les pays près de l'équateur sont des pays…

6 **Joue avec la classe. Trouve le plus rapidement possible sur la carte du monde ci-dessous :**

a. une ville où il pleut.
b. une ville où il fait beau et très chaud.
c. une ville où il y a des nuages.
d. une ville où il fait beau mais pas très chaud.

Le pronom relatif *où*

30

On utilise le pronom relatif **où** pour introduire un complément de lieu.

*Il y a des pays **où** il fait toujours chaud, **où** il ne neige jamais.*
*Ce sont des pays **où** il n'y a pas de printemps et pas d'automne.*

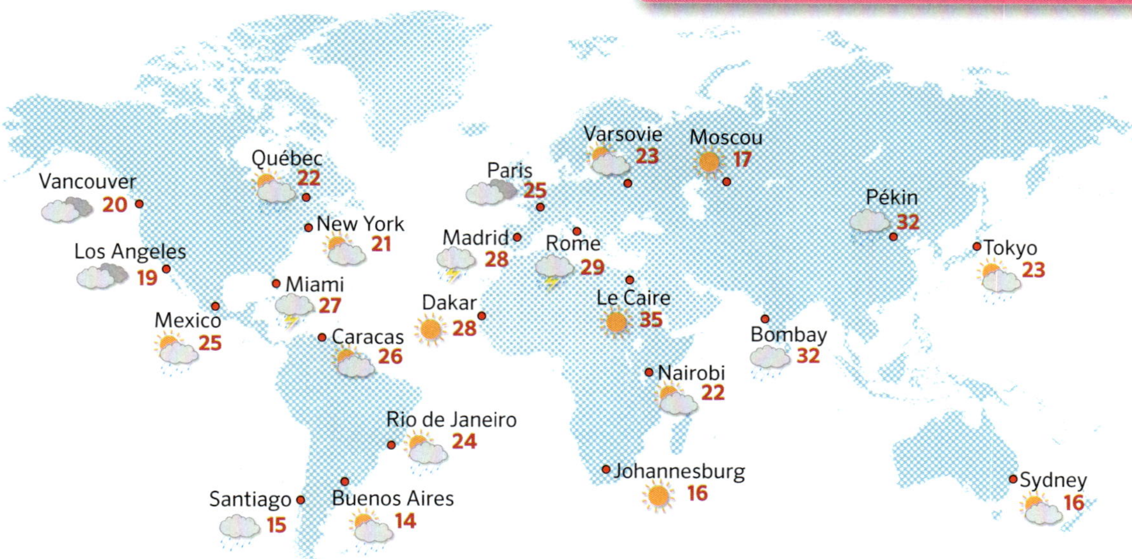

Qu'est-ce qu'un orage ?

Quand la température change trop vite, les nuages sont pleins d'électricité statique. Pour la libérer, ils produisent un éclair et un bruit appelé le tonnerre.

Le sais-tu ?

On entend toujours le tonnerre quelques secondes après l'éclair. Pourquoi ?

Parce que la lumière voyage plus vite que le son.

MON COURS DE SCIENCES

a. **Lis le document et retrouve de quoi on parle.**
1. On voit cette lumière quand il y a de l'orage.
2. On entend ce bruit quand il y a de l'orage.
3. Elle est à l'origine de l'orage.
4. Ils sont dans le ciel et donnent parfois de la pluie.

b. **Par deux. Lisez la question « Le sais-tu ? » et faites des hypothèses. Lisez ensuite la réponse.**

EN ÉQUIPE → PRÉSENTEZ LA MÉTÉO ! p. 75

LEÇON 2 Comment sera ma vie dans le futur ?

1 Observe le document. À ton avis, Nina imagine un futur positif ou négatif ?

Dans le futur, je serai une grande scientifique !

1 Les villes devront inventer de nouveaux moyens de transport, parce que les voitures n'existeront plus ! Par exemple, nous prendrons des taxis volants. Ils marcheront avec l'énergie du soleil et du vent.

2 Dans les journaux, tout le monde parlera de la même chose : l'expédition sur la planète Mars ! Moi, j'irai peut-être !

3 À la maison, il y aura des objets géniaux : dans ma chambre, j'aurai un mur écran où je pourrai regarder la météo, consulter Internet, où je regarderai des films en 4D.

4 Dans la cuisine, le frigo transmettra à mon portable la liste des aliments à acheter et des robots feront les courses et le ménage.

La vie dans le futur sera formidable !

2 Lis le document et retrouve les phrases correspondant aux images A à E.

3 Selon Nina, dans le futur, comment seront les films ? Les taxis ? Que feront les frigos ?

4 Retrouve dans le document page 70 les formes au futur simple des verbes suivants.

regarder — existter

prendre — transmettre

parler ⟶ parlera

5 Cherche dans le document d'autres verbes au futur simple.

Les verbes irréguliers au futur simple

32

Au futur simple, les verbes irréguliers ont les mêmes terminaisons que les verbes réguliers. Voici les principaux :

avoir ⟶	j'**aurai**	aller ⟶	j'**irai**
être ⟶	je **serai**	pouvoir ⟶	je **pourrai**
faire ⟶	je **ferai**	devoir ⟶	je **devrai**

6 Victor est pessimiste ! Écoute et écris les sept formes verbales au futur simple que tu entends.

33

Le futur simple

31

Verbes en *-er*, comme *parler* :	Verbes en *-re*, comme *prendre* :
parler- + terminaison	*prendr-* + terminaison
Je parler**ai**	Je prendr**ai**
Tu parler**as**	Tu prendr**as**
Il/Elle/On parler**a**	Il/Elle/On prendr**a**
Nous parler**ons**	Nous prendr**ons**
Vous parler**ez**	Vous prendr**ez**
Ils/Elles parler**ont**	Ils/Elles prendr**ont**

34

Écoute et barre les « e » qu'on ne prononce pas.

Je visiterai Mars.

a. On parlera de la vie sur Mars.

b. Les robots achèteront les aliments.

c. Vous regarderez des films en 4D.

d. Tu voyageras en taxi volant.

35

Virelangue !

À l'avenir, Catherine sera ballerine, aimera la médecine ou travaillera dans la marine ?

Et toi, tu es optimiste ou pessimiste pour le futur ?

7 Par groupes. Trouve deux autres élèves qui ont la même vision du futur que toi (optimiste ou pessimiste) et imaginez ensemble comment seront dans le futur : la maison, la ville, la vie… Écrivez un petit texte et présentez-le à la classe.

LEÇON 3 Mars 2030

1 **Voudrais-tu visiter une autre planète ? Laquelle ? Pourquoi ?** ▶ DICO VISUEL p. 80

2 **Lis le document et retrouve sur quelle planète…**

a. un jour dure plus de 24 heures.
b. il y a de l'eau à la surface.
c. la surface est comme un grand désert.
d. une année est moins longue.

sur Mars — sur Terre

3 **Par deux. Lisez les questions de la partie « Le sais-tu ? » et essayez d'y répondre. Puis écoutez pour vérifier vos hypothèses.** 2 36

4 **Cherche dans le texte les mots correspondant aux images suivantes.**

1

2

3

4

Science Ado

ASTRONOMIE

MARS 2030

L'homme a toujours rêvé d'aller sur Mars. Pourquoi ?

Parce qu'elle ressemble à la Terre ! Ses ressemblances avec notre planète ? Elle a deux lunes, des saisons, des tempêtes… et on a toujours imaginé des habitants sur Mars !

Mais la planète rouge de notre système solaire est deux fois moins grande que la planète bleue, et le jour martien est un peu plus long que le jour terrestre : il dure 24 heures et 37 minutes. Mars est plus loin du Soleil que la Terre, donc il lui faut plus de temps pour faire le tour du Soleil : l'année martienne est de 687 jours. Il fait aussi beaucoup plus froid que sur la Terre : – 63 °C en moyenne. La planète ressemble à un grand désert parce que l'eau n'est pas à la surface, mais dans le sol, sous forme de glace.

Une question des scientifiques : il y a peut-être eu, un jour, un océan sur Mars, mais pourquoi il n'y a plus d'eau ? La navette spatiale qui partira en expédition en 2030 pourra peut-être répondre à cette question…

18

À gagner ! des affiches et des DVD « Notre système solaire »

Le sais-tu ?

Grand jeu Mars 2030

1. Combien de temps faut-il pour aller sur Mars en navette spatiale ?
2. Pourquoi est-ce qu'on appelle Mars la planète rouge ?
3. Y a-t-il des Martiens sur Mars ?

→ Envoie tes réponses sur www.scienceado.fr

19

5 **Relis le document, puis associe.**

a. Mars est plus...

b. Il faut plus de...

c. Il fait moins...

1. temps à Mars pour faire le tour du Soleil.

2. loin du Soleil que la Terre.

3. froid sur la Terre que sur Mars.

Pour comparer deux éléments

37

plus/moins + adjectif ou adverbe ... *que*

La planète rouge est	**plus** loin du soleil **que** **moins** grande **que**	la planète bleue.

plus de/moins de + nom ... *que*

La planète rouge a plus de lunes que la planète bleue.

6 **Par deux. Lisez les informations sur Vénus ci-dessous et comparez Vénus à Mars.**

Sur Vénus, il fait plus chaud que sur Mars.

VÉNUS

- **Température moyenne :** 460 °C.
- **Durée de son « année » :** 224,7 jours.
- **Durée d'une « journée » sur Vénus :** 243 jours (elle tourne très lentement).
- **Nombre de lunes :** 0.

EN ÉQUIPE

IMAGINEZ LES HABITANTS D'UNE AUTRE PLANÈTE !
p. 75

smSaviadigital.com
JOUE avec les planètes

Science et Fiction

VIDÉO
CONNAISSEZ-VOUS LA COULEUR DU SOLEIL ?

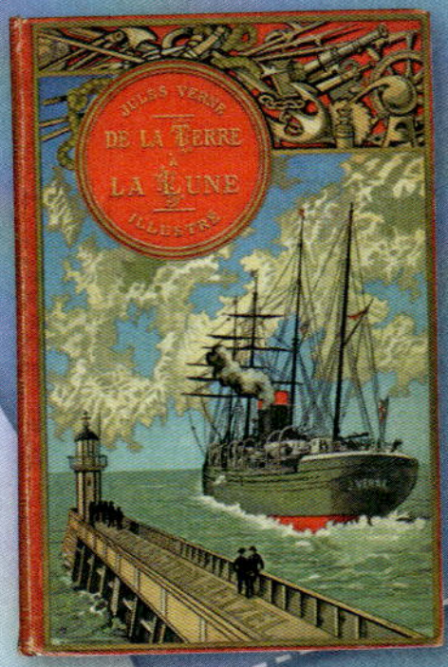

1865 — *De la Terre à la Lune de Jules Verne.* C'est un des premiers romans de science-fiction. Il raconte un voyage sur la Lune.

1902 — *Voyage dans la Lune de Georges Méliès.* C'est une adaptation du roman de Jules Verne. C'est un film muet de 12 minutes.

© Hergé/Moulinsart 2015

1954 — *On a marché sur la Lune, BD de Hergé.* Les célèbres Tintin et Milou voyagent sur la Lune en fusée.

1979 — *Premier vol de la fusée Ariane.* Aujourd'hui, la fusée a fait plus de 200 vols et installé 271 satellites.

1 Observe et lis le document. Retrouve les informations qui concernent les deux catégories suivantes.

Science — Fiction

De la Terre à la Lune *de Jules Verne, c'est de la fiction !*

2 Écoute et retrouve de quoi on parle. (2 38)

3 Par groupes. Complétez cette chronologie de la science et de la fiction avec d'autres événements ou œuvres.

Et toi ? Tu aimes la science-fiction ?

PRÉSENTEZ LA MÉTÉO !

1. Par deux. Regardez la carte météo.

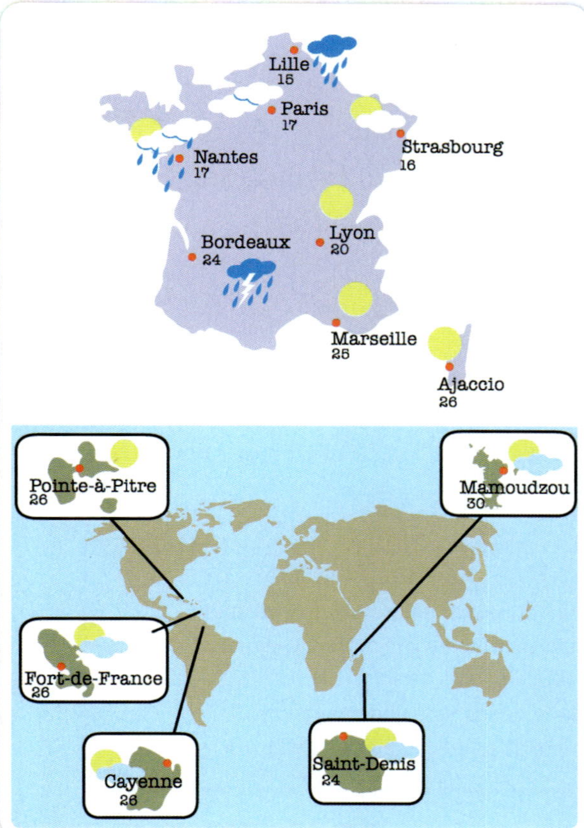

2. Choisissez deux villes et préparez ensemble la présentation de la météo.

Il y aura des orages mais il fera 24 degrés. (Bordeaux)

3. Présentez votre bulletin météo à la classe, qui doit deviner de quelles villes il s'agit.

Voici la météo : le matin, il fera beau, mais l'après-midi...

Vous pouvez trouver des cartes météo sur Internet.

IMAGINEZ LES HABITANTS D'UNE AUTRE PLANÈTE !

1. Par petits groupes. Imaginez un habitant d'une autre planète : dessinez-le et donnez-lui un nom.

Il s'appelle VV.

2. Écrivez un texte pour le décrire (son physique, son lieu de vie et sa façon de vivre).

VV habite sur la planète Vénus. Il aime beaucoup avoir chaud...

3. Comparez-le à l'être humain.

Il est beaucoup plus petit que l'être humain, mais il est plus fort !

4. Présentez-le à la classe. Quel est l'habitant le plus amusant ? Le plus réaliste ?

smSaviadigital.com
ENQUÊTE À demain

ÉVALUE TES CONNAISSANCES

smSaviadigital.com
FAIS LE POINT

Donner des précisions sur un lieu .../5

1 Écoute et choisis la bonne réponse.

39

a. Selon le garçon, Mars est un lieu où...
1. il n'y a rien à faire.
2. il y a beaucoup de magasins.
3. il se passe beaucoup de choses.

b. Le garçon parle...
1. d'une grande ville. 2. d'un village.
3. d'une planète.

c. Ce lieu est...
1. dans un autre pays. 2. en France.
3. sur une autre planète.

d. Ce lieu est...
1. près des grandes villes.
2. à la campagne.
3. dans le Sud-Ouest.

e. La fille voudrait aller...
1. dans ce lieu.
2. dans le Sud-Est de la France.
3. sur la planète Mars.

Comparer deux éléments .../5

2 Avec ton/ta camarade, comparez le climat de ces deux villes.

SÉVILLE (ESPAGNE)
Température maximale moyenne en août : 35 °C
Température minimale moyenne en janvier : 5,2 °C
Nombre d'heures de soleil par an : 2898
Nombre de jours de pluie par an : 77
Nombre de jours de neige en hiver : 0

LILLE (FRANCE)
Température maximale moyenne en août : 23,3 °C
Température minimale moyenne en janvier : 1,2 °C
Nombre d'heures de soleil par an : 1617
Nombre de jours de pluie par an : 742
Nombre de jours de neige en hiver : 19

À Séville, il fait plus chaud qu'à Lille en août.

Parler du temps qu'il fait .../5

3 Lis le texte et associe.

a. Paris b. Montréal c. Buenos Aires d. Bruxelles

Voici la météo dans le monde. Il fait chaud à Paris mais avec de l'orage et de la pluie. À Montréal, il fait très beau, c'est aussi l'été. À Buenos Aires, il fait zéro degré et il neige. Il y a beaucoup de nuages à Bruxelles.

Parler de l'avenir .../5

4 Écris cinq phrases pour présenter la vie des ados en 2030.

TOTAL : .../20

TON DICO

40

la météo
le temps
le climat
une lumière
un nuage
il fait beau
il fait chaud/froid

la pluie/il pleut
la neige/il neige
un orage
le tonnerre
un éclair
une tempête
la température

le changement climatique
un degré
une saison
le printemps
l'été *(masc.)*
l'automne *(masc.)*
l'hiver *(masc.)*

le système solaire
les planètes *(fém.)*
Mars
Vénus
le Soleil
la Lune
une étoile

une fusée
une navette spatiale
une expédition
un satellite
la science
la science-fiction
un(e) scientifique

une expérience
l'énergie *(fém.)*
l'électricité statique *(fém.)*
un robot
le futur
optimiste
pessimiste

DICO VISUEL

DOSSIER 1

le français

l'histoire-géographie

la musique

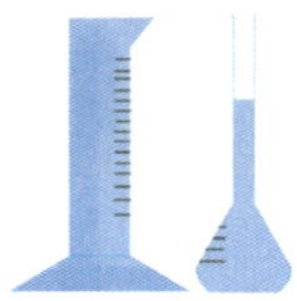
la physique-chimie

la technologie

l'anglais

le sport

les arts plastiques

les mathématiques

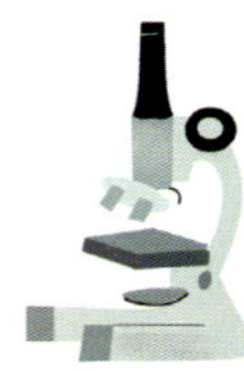
les sciences de la vie et de la terre

stressé / stressée

motivé / motivée

sympathique

drôle

sportif / sportive

gourmand / gourmande

bavard / bavarde

sérieux / sérieuse

gentil / gentille

DOSSIER 2

une vache

un cochon

un tigre

un ours

une baleine

une tortue

un oiseau

un insecte

un chien

un chat

un cheval

DOSSIER 3

DICO VISUEL

DOSSIER 4

un vide-greniers

un marché

un grand magasin

une librairie

un magasin d'informatique

DOSSIER 5

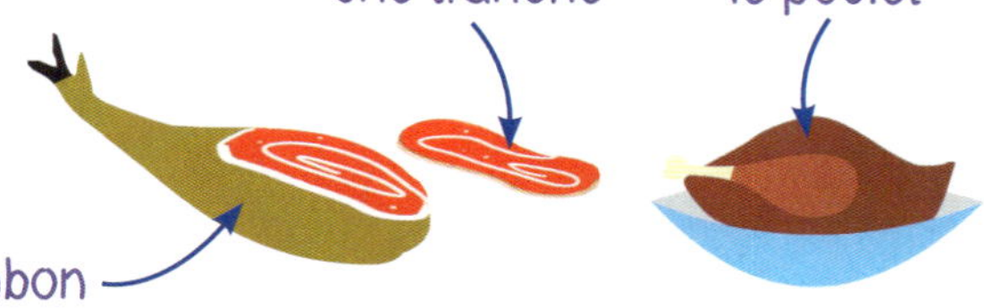

la viande

les légumes

les fruits

les boissons

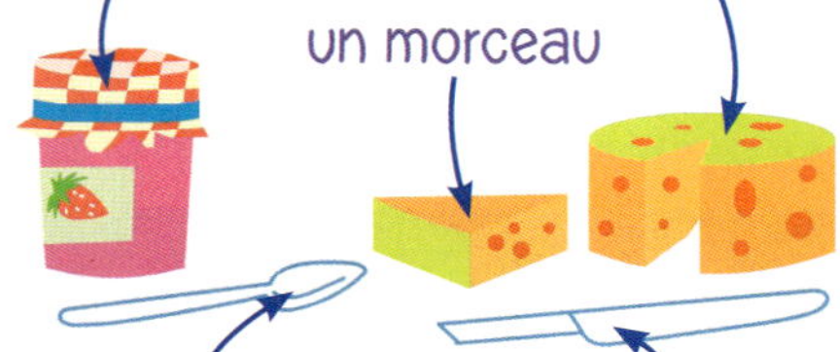

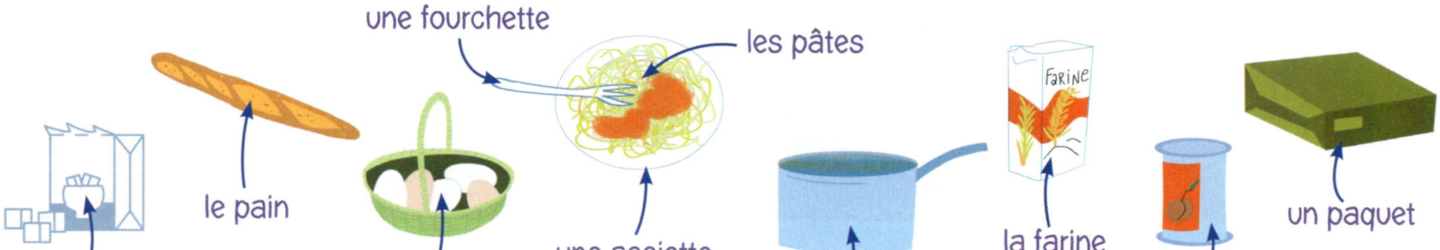

DICO VISUEL

DOSSIER 6

un parc d'attractions

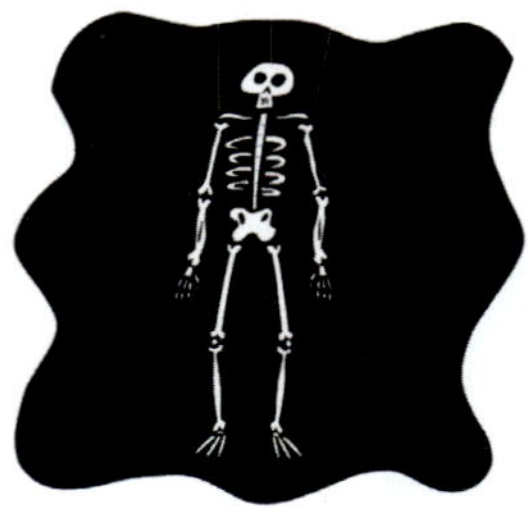

un squelette

une araignée

un fantôme

un serpent

un trésor

DOSSIER 7

des nuages

la pluie / il pleut

la neige / il neige

l'éclair (masc.) / le tonnerre
l'orage (masc.)

le printemps

l'été (masc.)

l'automne (masc.)

l'hiver (masc.)

Le système solaire